저작권
과
소유권

계 승 균

부산대학교 출판부

머리말

필자가 평소 공부하던 것을 소책자 형태로 출간하게 되었다. 먼저 이 책을 쓰게 된 계기에 대해서 이야기하는 것이 도리일 것 같다. 직접적인 계기는 필자가 봉직하고 있는 대학의 출판부에서 교수도서출간 지원 사업을 시행하고 있는데, 2014년도 사업에 필자가 선정되었기 때문이다.

그런데 저작권과 소유권이라는 주제를 다루게 된 원인(遠因)은 조금 다른 이유에서이다. 1995년 10월부터 1998년 초순까지 독일에서 공부할 수 있는 기회가 주어져서 지적재산권을 공부하기로 마음먹었다. 초기에 지적재산권, 특히 저작권과 저작물이라는 개념을 이해하기 힘들었다. 저작권 내지 저작물이라는 개념을 이해하기 위하여 노력하던 중, 우연히 저작권과 소유권을 비교하는 짧은 내용을 읽게 되었고, 이에 관한 독일 판례도 찾아보았다.

어떤 개념이 정확하게 이해되지 않을 때에는, 그와 관련 있는 다른 개념 또는 유사개념과 비교하면 거꾸로 알고 싶어 하는 개념을 비교적 정확하게 이해하는 것이 가능하다고 생각하였다. 그래서 저작권과 소유권이 서로 긴장되고, 충돌하는 영역에는 무엇이 있을까 하나씩 찾아보기도 하였고, 또 사례는 어떠한 것들이 있을까 궁금하여 나름대로 탐색해 보았다. 그 과정에서 이와 관련된 소주제 형태로 글을 발표하기도 하였다. 이러한 글들을 모아서 정리, 보충, 연결한 결과물이 본 책자에 이르게 된 것이다.

즉 본 주제를 공부하게 된 계기는 저작물과 저작권이라는 개념을 정확하게 이해하기 위한 것이었고, 다른 측면에서 보자면 필자가 저작권 내지 저작물이라는 개념을 정확하게 이해하지 못하였다는 말도 된다. 따라서 본 책자는 필자에게는 그 동안 공부한 것을 정리한 '자기 리포트'인 것이다. 무엇을 전공하는 사람들의 공통된 욕망은 자기가 전공하는 것의 처음과 끝, 본질을 알고 싶어 할 것이다. 본서도 필자의 이러한 욕망의 소박한 표현일 수도 있고, 아직 많이 모른다고 하는 자기 고백일 수도 있다. 시간이 지날수록 무지의 반경도 점점 더 커진다고 느낀다.

짧은 책자이지만 세상에 내려고 하니 여기저기 부족한 부분과 보충하여야 할 부분이 많이 보인다. 예를 들면 소유권에는 없는 저작권의 보호기간, 물권적 청구권의 내용이 다른 점, 손해배상, 상속인이 없는 경우 저작권이 소멸하는 제도, 저작물이용허락권의 제3자 양도 조항, 등록제도에서 민법과의 그것들과 차이가 있다고 판단되는데, 앞으로의 과제라고 여기고 있다. 이번 책자에서 다룬 주제들은 저작권법의 관점에서 저작권과 소유권을 비교하여 저작권법상의 특유한 제도를 중심으로 기술하였지만, 앞서 언급한 몇 주제들은 민법에서 바라보는 주제라고 생각된다. 앞으로는 이 주제들을 중심으로 공부하여 본서를 조금이나마 보충하려고 마음먹고 있다. 그리고 기존의 주제들도 조금씩 내용을 더 다듬고 수정하려고 한다. 이러한 작업이 이루어진 다음에 결론부분을 작성하려고 한다.

소박한 희망을 이야기하자면 본서가 한국 지적재산권이라는 건물에서 자그마한 벽돌의 역할을 하면 그만이라고 생각한다.

본서를 출간함에 있어 문일환 변호사의 도움을 많이 받았다. 두 차례에 걸쳐 전체 문장을 보아주었고, 내용에 있어서도 의미 있는 조언을 해주었다. 부산고등법원의 임상민 판사님도 최종적으로 교정을 도와주었고, 내용과 관련해서도 조언을 해주었다. 두 분 모두 학문적으로도 성과가 있기를 기원하면서 진심으로 감사드린다.

2015. 9. 1.

계승균

목 차

제8장 동일성 유지권

제9장 구체적 사례

서문

제1장

무체재산, 지적재산, 지식재산, 지적소유물 등으로 지칭되고 있는 지적활동의 산물을 보호하는 지식재산권을 공부하다보면 아무래도 권리 대상인 무체물에 관한 개념 형성이 어렵고, 쉽게 가슴에 와 닿지 않는 경우가 많다. 필자도 이러한 어려움을 겪었고, 아직도 겪고 있다. 특히 지식재산권법 강의 초기에 학생들에게 지식재산권의 대상은 눈에 보이지 않는 무체물이라는 개념을 형성시켜주는데 무척 노력하게 된다. 지식재산권의 대상에 대한 개념 형성을 위하여 학생들이 이미 알고 있는 소유권의 대상인 유체물과의 비교에 우선 집중하여 유체물과 무체물이 어떻게 다른지 또, 이러한 것들이 법률에 어떻게 반영되었는지를 비교 · 설명하는 것은 비교적 자연스럽다고 생각되어, 학기 초기에는 양 권리의 대상을 비교 설명한다. 이렇게 하는 것이 학생들이나 지식재산권을 처음 공부하는 사람들이 이해하기 쉽다고 판단된다. 예를 들어서 저작권의 대상인 저작물을 민법의 권리 대상인 물건과 비교하여 설명하는 것은 구체적인 관념을 형성하는데 도움이 될 것이다. 이에 따라 자연스럽게 저작권과 소유권과의 관계에 대해서도 관심을 가지게 된다.

저작권과 소유권 또는 저작권과 점유권 사이에는 어떠한 관계가 있는지를 생각해 보면 서로 협조 내지 긴장관계를 형성하는 경우가 있는데 독일의 경우 이익형량이론을 통하여 해결하거나 아니면 어느 권리가 다른 권리보다 앞서게 하는 등의 정책적 해결을 법률로 규정한 경우도 있다.[1] 우리 저작권법 제13조 제2항 제2호, 제35조 제1항 등도 그 예라고 생각된다.

본서에서는 저작권과 소유권과의 관계 즉, 긴장관계 또는 충돌관계에 관해서 소개하는 형태로 내용을 진행하고자 한다. 그런데 본서에서는 소유권에 관해서는 별도로 설명하지 않는다. 본서는 기본적으로 저작권을 이해하기 위한 것이기 때문이다. 다만 저작권과 대비가 필요하다고 생각되는 부분에서 간략히 설명하고자 한다. 그래서 책 제목도 소유권이 일반적이고 친수한 권리임에도 저작권을 먼저 표기하였다.

1) Josef Kohler, Urheberrecht an Schriftwerken und Verlagsrecht, Scientia, 1907, S. 360. 참조.

권리의 주체

제2장

1. 저작자의 의미

저작권의 주체로서 저작자는 우리 저작권법 제2조 제2호에 따르면 “저작물을 창작한 자”를 말한다. 여기서 말하는 저작물이란 인간의 사상 또는 감정을 표현한 창작물을 말한다/제2조 제3호/. 그리고 저작자에게 저작인격권과 저작재산권을 부여한다/법제10조 제1항/. 이를 우리는 ‘창작자주의’라고 말한다. 즉 저작물을 창작한 자인 저작자에게 저작권을 부여하는 원칙을 창작자주의라고 한다. 창작을 통해서 권리를 취득하는 것이다. 대부분 법률행위를 통해서 권리를 취득하는 민사법상의 일반적인 경우와도 차이가 있다.

한편, 창작자주의에는 모든 존재 가운데서 오로지 ‘인간’만이 창작이라는 행위를 할 수 있고, 이에 대한 권리의 주체가 될 수 있다는 사상이 숨어 있다.

1) 저작권 공유규정

2명 이상이 공동으로 창작한 저작물로 각자 기여한 부분을 분리하여 개별적으로 이용하는 것이 불가능한 것을 공동저작물/제2조 제21호/이라고 한다. 공동저작물은 처음부터 저작권이 공유상태였던 경우와 단독창작에 따른 저작물이 저작권의 일부 지분 이전에 따라 사후적으로 공유되는 경우로 나뉜다. 공유저작권에 대해 저작권법에는 민법의 공유규정과 비교하여 다음과 같은 특칙을 두고 있다.

먼저, 저작재산권에도 질권설정이 가능한데, 공동저작물의 저작재산권은 그 저작재산권자 전원의 합의에 의하지 아니하고는 이를 행사할 수 없으며, 다른 저작재산권자의 동의가 없으면 그 지분을 양도하거나 질권의 목적으로 할 수 없다/제48조 제1항 본문/. 따라서 타인의 동의 없는 지분양도계약과 질권설정 계약은 무효이다. 동의를 받지 않고 양수인이 저작물을 이용한다면 이는 저작권침해가 된다. 또한 공유자 전원의 합의를 얻지 않으면 저작권의 행사, 즉 복제와 같은 자기가 이용하는 것과 제3자에게 이용허락을 하는 것이 불가능하다. 따라서 다른 공유자가 동의하지 않은 상태에서는 자기이용과 이용허락을 받은 사람/라이선시, licensee/이 이용하는 모두는 저작권침해가 된다. 소유권에서는 지분양도, 자기사용을 각 공유자가 단독으로 할 수 있고, 또한 임대차에 대해서는 공유자지분의 과반수로 결정할 수 있다고 되어 있는 것과 비교하면 저작권의 공유에 있어서는 의사결정의 장애물이 높다는 것을 알 수 있다.

우리나라의 대법원은 친정엄마 사건이라고 불리는 사례[1]에서 초벌대본과 최종대본의 관계에 있어서 이를 하나의 대본으로 보고 공동저작물이라고 판단하면서, 공동저작자가 다른 공동저작자와의 합의 없이 공동저작물을 이용한 행위에 대하여 다음과 같이 평가하고 있다.[2]

[1] 구 저작권법/2011. 6. 30. 법률 제10807호로 개정되기 전의 것/ 제2조는 제1

1) 대법원 2014. 12. 11. 선고 2012도16066 판결 - 친정엄마.
2) 박준우, "공동저작자 간의 저작권 침해 연극 <친정엄마> 사건", 저작권문화 제248호, 2015. 04. 30 - 31면.

호에서 '저작물'이란 인간의 사상 또는 감정을 표현한 창작물을, 제2호에서 '저작자'란 저작물을 창작한 자를, 제21호에서 '공동저작물'이란 2인 이상이 공동으로 창작한 저작물로서 각자의 이바지한 부분을 분리하여 이용할 수 없는 것을 말한다고 각 규정하고 있다. 위 각 규정의 내용을 종합하여 보면, 2인 이상이 공동창작의 의사를 가지고 창작적인 표현형식 자체에 공동의 기여를 함으로써 각자의 이바지한 부분을 분리하여 이용할 수 없는 단일한 저작물을 창작한 경우 이들은 그 저작물의 공동저작자가 된다. 여기서 공동창작의 의사는 법적으로 공동저작자가 되려는 의사를 뜻하는 것이 아니라, 공동의 창작행위에 의하여 각자의 이바지한 부분을 분리하여 이용할 수 없는 단일한 저작물을 만들어 내려는 의사를 뜻하는 것이라고 보아야 한다.

[2] 구 저작권법/2011. 6. 30. 법률 제10807호로 개정되기 전의 것/ 제48조 제1항 전문은 "공동저작물의 저작재산권은 그 저작재산권자 전원의 합의에 의하지 아니하고는 이를 행사할 수 없다."고 정하고 있는데, 위 규정은 어디까지나 공동저작자들 사이에서 각자의 이바지한 부분을 분리하여 이용할 수 없는 단일한 공동저작물에 관한 저작재산권을 행사하는 방법을 정하고 있을 뿐이므로, 공동저작자가 다른 공동저작자와의 합의 없이 공동저작물을 이용한다고 하더라도 그것은 공동저작자들 사이에서 위 규정이 정하고 있는 공동저작물에 관한 저작재산권의 행사방법을 위반한 행위가 되는 것에 그칠 뿐 다른 공동저작자의 공동저작물에 관한 저작재산권을 침해하는 행위까지 된다고 볼 수는 없다."

그렇지만, 각 공유자는 이 경우 신의에 반하여 합의의 성립을 방해하거나 동의를 거부할 수 없다/제48조 제1항 단서/. 정당한 이유없이 동의를 거부하거나 합의 성립을 방해하는 것은 허용되지 않는다. 원칙적으로 다른 공유자에 의한 동의와 합의를 결여한 권리행사는 인정될 수 없지만 예외적으로 다른 공유자의 부동의·불합의에 정당한 이유가 없다면 공유자의 저작권행사는 인정된다. 이러한 경우, 공유자 전원의 일치된 합의가 있어야만 권리를 행사할 수 있다는 소위 전원일치법 내지 합수성의 원칙은 완화되는 것이다.

이처럼 지분양도, 자기이용, 라이선스에 대하여 각각의 의사결정에 공유자 전원의 공동성이 원칙으로써 요구되고 있는 것은 저작물의 새로운 이용에 의해 기존의 공유자의 저작물이용이익이 크게 방해될 가능성이 있기 때문이다.

그리고 저작인격권을 행사할 때에도 전원의 합의에 의해서 이루어져야 한다. 공동저작물의 저작인격권을 행사할 때에는 공동저작물의 저작인격권은 저작자 전원의 합의에 의하지 아니하고는 이를 행사할 수 없다. 이 경우 각 저작자는 신의에 반하여 합의의 성립을 방해할 수 없고/제15조 제1항/, 공동저작물의 저작자는 그들 중에서 저작인격권을 대표하여 행사할 수 있는 자를 정할 수 있으며/제2항/, 제2항의 규정에 따라 권리를 대표하여 행사하는 자의 대표권에 가하여진 제한이 있을 때에 그 제한은 선의의 제3자에게 대항할 수 없도록 하고 있다/제3항/.

다른 한편, 저작권을 침해당한 경우에는 각 공유저작권자는 단독으로 저작권 침해자에 대하여 자기의 지분에 대한 손해배상청구, 부당이득반환청구를 할 수 있다. 우리 저작권법 제129조에 따르면 공동저작물에 대해서 침해가 이루어진 경우, 각 저작자 또는 각 저작재산권자는 다른 저작자 또는 다른 저작재산권자의 동의 없이 제123조의 규정에 따른 침해의 정지 등을 청구할 수 있으며, 그 저작재산권의 침해에 관하여 자신의 지분에 관하여 제125조의 규정에 따른 손해배상의 청구를 할 수 있다.

공동저작물에 대한 저작인격권 침해를 이유로 정신적 손해배상을 구하는 경우, 공동저작자 각자가 단독으로 자신의 손해배상청구를 할 수 있는지 여부가 문제된 사안에서 우리 대법원[3]은 이를 긍정하고 있다.

> "공동저작물에 관한 권리가 침해된 경우에 각 저작자 또는 각 저작재산권자는 다른 저작자 또는 다른 저작재산권자의 동의 없이 저작권법 제91조의 규정에 의한 저작권 등의 침해행위금지청구를 할 수 있고, 같은 법 제93조에 의하여 저작인격권을 제외한 저작재산권의 침해에 관하여 자신의 지분에 관한 손해배상의 청구를 할 수 있으며, 같은 법 제95조에 의한 저작인격권의 침해에 대한 손해배상이나 명예회복 등 조치청구는 저작인격권의 침해가 저작자 전원의 이해관계와 관련이 있는 경우에는 전원이 행사하여야 하지만, 1인의 인격적 이익이 침해된 경우에는 단독으로 손해배상 및 명예회복조치 등을 청구할 수 있고, 특히 저작인격권 침해를 이유로 한 정신적 손해배상을 구하는 경우에는 공동저작자 각자가 단독으로 자신의 손해배상청구를 할 수 있다."

그리고 우리 민법 제278조에는 "본절의 규정은 소유권 이외의 재산권에 준용한다. 그러나 다른 법률에 특별한 규정이 있으면 그에 의

3) 대법원 1999. 5. 25. 선고 98다41216 판결.

한다."라고 규정되어 있다. 저작물에 관한 공동소유는 준공동소유로서 기본적으로는 우리 민법의 공동소유 규정에 따르지만, 저작권법에 특별한 규정이 있는 경우에는 저작권법의 규정이 우선 적용된다.[4)]

<table>
<tr><th></th><th>소유권(민법)</th><th>저작권(저작권법)</th></tr>
<tr><td>지분양도</td><td rowspan="2">단독(제263조)
담보권설정은 규정 없음</td><td rowspan="2">전원의 합의(제48조 제1항 본문),</td></tr>
<tr><td>담보권설정</td></tr>
<tr><td>공유물의 사용 수익</td><td>지분의 비율로 사용 수익(제263조)</td><td rowspan="2">전원의 합의(제48조 제1항 본문), 다만 신의에 반하여 합의의 성립을 방해하거나 동의를 거부할 수 없다.
(같은 조 제1항 단서)</td></tr>
<tr><td>이용허락</td><td>과반수(제263조)</td></tr>
<tr><td>민사소송·손해배상 청구</td><td>단독(제265조 단서)</td><td>단독(제129조)</td></tr>
</table>

4) 島並 良、権利の共有、法学教室、384、2012，118-119頁.

권리의 객체

제3장

1. 저작권 대상으로서의 저작물

민법에서 "물건[1)]"의 개념을 파악하는 것이 중요하고, 민사소송법에서 소송물의 개념을 이해하는 것이 중요하듯이 저작권법에서는 저작권의 근원인 저작물의 개념을 이해하는 것이 무엇보다도 중요하다. 왜냐하면 저작권은 저작물을 중심으로 하여 구성되기 때문이다. 그 때문에 저작물이라는 개념은 저작권법의 핵심이라고도 말할 수 있다.

사실 저작권의 대상인 저작물과 소유권의 대상인 소유물은 배타적 권리의 대상이라는 점 외에는 공통점이 존재하지 않는다. 그럼에도 불구하고 저작권의 대상인 저작물을 설명하고자 하는 것은 배타적 권리로서의 소유권과는 다른 저작권의 특징이 바로 저작물에서 나오기 때문이다. 따라서 저작물의 개념을 정확하게 이해하는 것은 저작권을 이해하는 첫 걸음이라고 생각된다.

저작권의 대상으로서의 저작물은 예컨대 소유권의 대상인 부동산과는 다른 성격을 가지게 된다. 왜냐하면 저작물은 저작자 개인의 창작행위라는 매개를 통하여 나타난 결과물이기 때문에, 외형적으로 변

1) 칸트는 물건(Sache)을 책임능력을 가지고 있지 않은 모든 것을 사물이라고 부른다고 하면서 자유를 가지고 있지 않으면서 자유로운 자의의 객체가 되는 것은 모두가 사물이라고 하고 있다. Immanuel Kant, Metaphysische Anfangsgründe der Rechtslehre, 임마뉴엘 칸트 지음/이충진 옮김, 법이론, 이학사, 2013, 36면.

화가 없는 부동산과는 달리 그 발전형태가 다양하고 시대에 따라, 또 기술에 따라 형식도 무수하게 변화할 수가 있는 것이기 때문이다.[2)] 예를 들면 저작권보호의 초기의 대상은 단지 책이나 악보였지만, 시대가 변하고 기술이 발전함에 따라 영화, 비디오, 카세트테이프 등이 저작권보호의 대상이 되었고, 이제는 눈에 보이지 않는 컴퓨터 프로그램이나 데이터베이스, 멀티미디어 등이 저작권 보호의 대상이 되는 저작물인가에 대해서 논의가 이루어지고 있으며 광고도 마찬가지이다. 저작권법의 역사는 저작물의 변화와 그 확대의 역사라고도 말할 수 있다. 따라서 저작물이라는 개념은 구체적 형성을 필요로 하는 불확정개념이다.

비교법적인 고찰을 해보더라도 저작물 개념은 확정하기 어려운 것임을 알 수 있다. 독일 저작권법인 제2조 제2항의 정의규정에서도 "저작물은 단지 개인적이고 정신적인 창작물/nur persöliche geistige Schöpfungen/"이라는 추상적인 규정을 하고 있고, 오스트리아 저작권법 제1조 제1항에는 "문학, 소리예술, 조형예술 그리고 영화예술의 영역에 속하는 독자적인 정신적 창작물/eigentümliche geistige Schöpfungen/"이라고 규정하고 있다. 또 스위스 저작권법 제2조 제1항은 "저작물이란 저작물의 가치와 목적에 관계없이 개별적 특징을 가지는 문학과 예술의 정신적 창작물이다"라고 규정하고 있고, 미국 저작권법에는 단지 "original works of author"라고만 규정하고 있다. 일본 저작권법 제2조 제1항 제1호에서는 "사상 또는 감정을 창작적으로 표현한 것"이라고 규정하고 있고, 우리나라에서는 법률 제8101호로 2006. 12. 28. 전부개정 되기 전의 저작권법 제2조 제1호에서는 저작물은 "문학, 학술 또는 예술의 범위에 속하는 창

2) 황적인·정순희·최현호, 저작권법, 23면; 송영식 · 이상정, 「저작권법개설(제6판)」, 세창, 2010, 9-10면.

작물"을 말한다고 정의하고 있다가, "인간의 사상 또는 감정을 표현한 창작물"이라는 표현으로 개정되어 현재에 이르고 있다.

저작권에 관한 조약을 살펴보더라도, 베른협약 제2조 제5항에 단지 지적창작물이라는 문구를 두고 있고[3], 세계저작권법 협약에서는 정의 규정을 두지 않고 있으며, TRIPs협정 제10조 제2항에서는 컴퓨터프로그램과 데이터에 관하여 정신적 창작물이라는 문구가 보일 뿐이다.

이상에서 살펴본 바와 같이 세계 각국의 입법자들도 저작물에 관해서는 대체로 추상적인 규정을 즐겨 사용하고 있다. 저작권의 객체로서의 저작물을 정의하는 것 자체가 어려운 것임을 알 수 있다.[4] 따라서 구체적·개별적 사례나 절차를 통해서 하나씩 개념 형성을 해야만 하는 것이다.[5]

2. 저작물 개념의 성질

1) 목적 중립적 성질

저작물개념에는 목적중립성이 포함되어 있다.[6] 즉 저작물로 성립

---

3) 허희성, 「베른협약축조개설」, 일신서적, 1994, 30면.

4) 여기서 한 가지 짚고 넘어가고 싶은 것은 저작물 유형과 관련하여 우리 저작권법에서나 독일 저작권법에서나 대체적으로 한 저작자가 한 저작물을 창작하는 것을 전제로 하여 규정되어 있다는 것이다. 이것은 물론 저작물의 역사와 저작권법의 역사를 반영하는 것이다. 여기에 대해서 예외라고 할 수 있는 것이 영화저작물에 관한 규정이다. 영화는 수많은 저작물의 합성 내지는 여러 창작자의 협동으로 이루어지는 것이기 때문이다. 그런데 현대사회에 있어서 오히려 한 저작자가 한가지의 저작물을 창작하는 경우는 점점 줄어들고 영화저작물과 같이 여러 사람의 창작행위 내지 여러 창작물의 결합으로 이루어지는 새로운 창작물이 증대하고 있다. 그 대표적인 것 중의 하나가 광고라고 할 수 있다. 광고도 저작물로서 보호받는다는 점에 대해서 : Gerhard Schricker, Der Urheberrechtsschutz von Werbeschöpfungen, Werbeideen, Werbekonzeption und Werbekampagnen, GRUR 1996, 815ff. ; 이것의 영어판은 Gerhard Schricker, Copyright Protection for Advertising Ideas, Concepts and Campaigns under German Law, IIC 1997 477.

5) Fromm·Nordermann, *Urheberrecht*, 10. Aufl. Kohlhammer, 2008, §2 Rdn. 2.

하기 위해서는 상업적[7]·교육적[8]·정치적 여부와 관계 없이 인간의 정신적 창작물이면 족하고, 저작물 작성 목적은 저작물 성립에 아무런 영향을 미치지 아니한다. 이 점을 스위스 저작권법/[Bundesgesetz über das Urheberrecht und verwandte Schutzrechte(Urheberrechtsgesetz, URG) vom 9. Oktober 1992]/ 제2조 제1항[9]에서 입법적으로 확인하고 있다. 즉 저작물 성립은 저작물의 목적과는 독립되어 있다.

2) 가치중립적 성질

저작물은 그 가치판단에 있어서도 중립적 성질을 가진다.[10] 즉 저작물이 순수한 예술이든 또는 저급의 포르노든지 간에 저작물 성립에 있어서 차별을 받지 않는다. 또한 저작물의 내용이 위법한 성질의 것이라고 하더라도 저작물로서 보호를 받는다.[11] 우리 형법 제243조 음

6) 하용득, 저작권법, 74면; 장인숙, 저작권법원론, 52면.

7) BGH GRUR 1959, 251, 252 - Einheitsfahrschein.

8) Vgl. 독일의 1901년의 문학과 소리예술에 관한 저작권법[Gesetz betreffend das Urheberrecht an Werken der Literatur und der Kunst vom 19. Juni 1901 보통 LUG로 표시한다.]의 제1조 제1항 제1호에 따르면, 어문저작물은 교화, 교훈 또는 연예의 목적에 공하는 것(dem Zwecke der Erbauung, der Belehrung oder der Unterhaltung dienen)이라고 규정되어있다.

9) Art. 2 Werkbegriff 1. Werke sind, unabhängig von ihrem Wert oder Zweck, geistige Schöpfungen der Literatur und Kunst, die individuellen Charakter haben. 저작물이라 함은 저작물의 가치와 목적과 관계 없이, 문학과 예술의 정신적 창작물로서 개별적 특성을 가진 것을 말한다.

10) 하용득, 전게면; 장인숙, 전게면; 황적인·정순희·최현호, 전게서, 22면.

11) Manfred Rehbinder, Urheberrecht, 14. Aufl. C.H.Beck, 2006, Rdnr. 98; Weber, Der strafrechtlicher Schutz des Urheberrechts, S. 75 f.; 송영식·이상정, 전게서, 52면; 대법원 1990. 10. 23. 선고 90다카8845 판결; 서울고등법원 1990. 2. 13. 선고 89나32908 판결; 대법원 2015.6.11. 선고 2011도10872 판결 저작권법은 제2조 제1호에서 저작물을 '인간의 사상 또는 감정을 표현한 창작물'이라고 정의하는 한편, 제7조에서 보호받지 못하는 저작물로서 헌법·법률·조약·명령·조례 및 규칙(제1호), 국가 또는 지방자치단체의 고시·공고·훈령 그 밖에 이와 유사한 것(제2호), 법원의 판결·결정·명령 및 심판이나 행정심판절차 그 밖에 이와 유사한 절차에 의한 의결·결정 등(제3호), 국가 또는 지방자치단체가 작성한 것으로서 제1호 내지 제3호에 규정된 것의 편집물 또는 번역물(제4호), 사실의 전달에 불과한 시사보도(제5호)를 열거하고 있을 뿐이다. 따라서 저작권법의 보호대상이 되는 저작물이란 위 열거된 보호받지 못하는 저작물에 속하지 아니하면서도 인간의 정신적 노력에 의하여 얻어진 사상 또는 감정을 말, 문자, 음, 색 등에 의하여 구체적으로 외부에 표현한 것으로서 '창작적인 표현형식'을 담고

화반포 등의 규정에 의하면 음란한 문서, 도화, 필름 기타 물건을 반포, 판매 또는 임대하거나 공연히 전시 또는 상영한 자는 형사처벌을 받도록 되어 있고, 청소년보호법 제11조등에서는 청소년 유해매체물의 판매 등에 대해서 제한 내지 금지를 규정하고 있다. 사회적으로 위법하거나 사회공서양속에 반하는 내용을 가지고 있는 저작물이 형법상 또는 미성년자보호법상 제재를 받는다고 하더라도 저작물로서 성립하는 데 전혀 장애가 되지 아니한다.[12] 우리 판례[13]도 이 점을 확인하고 있다. 즉 개인의 사상 또는 감정을 창작적으로 표현하고 있는 것이면 족하고 윤리성 여부는 따지지 아니하며, 설사 그 내용 중에 부도덕하거나 위법한 부분이 있다고 하더라도 저작권으로 보호, 즉 저작권법의 보호를 받는 데에는 전혀 지장이 없다.[14]

3) 객관적 성질

저작물개념은 또한 객관적 성질을 가진다. 즉 자신의 작품을 예술로 인정하는 저작자의 주관적인 평가에 저작물 성립요건이 달려있는 것은 아니다. 이것이 독일의 전통적인 견해[15]이기도 하다. 우리 판례[16]

있으면 족하고, 표현되어 있는 내용 즉 사상 또는 감정 자체의 윤리성 여하는 문제 되지 아니하므로, 설령 내용 중에 부도덕하거나 위법한 부분이 포함되어 있다 하더라도 저작권법상 저작물로 보호된다.

12) 위법한 내용 내지 사회공서에 반하는 내용을 가진 저작물의 저작자와 이것의 이용자(예컨대 출판자)사이에 이루어진 이용계약 또는 양도계약은 우리 민법 제 103조 내지 제2조에 따라서 무효인가 여부가 문제될 수 있다.

13) 대판 1990. 10. 23. 선고, 90다카8845판결; 이상정, '음란물의 저작물성', 창작과 권리 제78호, 2015; 박성호, 「저작권법」, 박영사, 2014, 48면.

14) Heinrich, *Die Strafbarkeit der unbefugten Vervielfältigung und Verbreitung von Standardsoftware*, 1993, S. 183.

15) Schricker/Loewenheim, *Urheberrecht* 3.Aufl., C.H.Beck, 2006, §2 Rdn. 6 ; Ulmer, Der urheberrechtliche Werkbegriff und die moderne Kunst, *GRUR* 1986, S. 527; Fromm/Nordemann, a.a.O., §2 Rdn. 4; Samson, Die moderne Kunst, die Computer-"Kunst" und das Urheberrecht, *UFITA* 56(1970), S. 117; Haimo Schack, *Urheber- und Urhebervertragsrecht*, 6. Aufl., Mohr Siebeck, 2013, §9 Rdn. 189.

16) 대판 1991. 8. 13. 선고 91다1642 판결.

도 간접적으로 이 점을 밝히고 있다. 두 저작물의 실질적 유사여부를 반드시 저작, 창작에 종사하는 전문가의 감정에 의하여서만 판단해야 하는 것은 아니라고 한다. 그러나 쾰른 고등법원[17]은 다소 다른 견해를 가지고 있다. 판결이유에서 "오늘날 예술은 부호와 상징으로 가득차 있고, 그 특색과 구성에 있어서 관람객들이 추론하기에는 상당히 어렵기 때문에, 예술전문가의 판단만이 중요한데, 이러한 판단은 전문가의 설명 없이 이해하는데 굉장히 어렵게 되어있고, 고도의 감정이입능력, 예민성과 결합되어 있다. 따라서 학문적인 교육 또는 실제적인 교육을 요구하는 우리 시대에 이러한 예술저작물은 적합한 것이다"라고 하면서 "예술저작물인가 아닌가 하는 문제를 다루는데 있어서 전문가의 견해가 결정적인 것"이라고 상술하고 있다. 물론 이러한 견해는 비판[18]을 받는다. 우선 예술가의 평가는 늘 합리적으로 이루어진다고 증명할 수 없고, 예술상/藝術商/들의 가치평가는 저작권 보호를 받기 위한 간접증거가 되기 때문이다. 이런 경우 "의심스러울 때는 저작자의 이익으로"/in dubio pro auctore, im Zweifel zugunsten eins Urheberschutzes/[19]라는 원칙이 적용되어야 한다.

3. 성립요건

우리 저작권법 제2조 제1호에서는 저작물을 인간의 사상 또는 감

17) OLG Köln, Afg 1978, 223, 224.

18) Fromm/Nordemann, a.a.O., §2 Rdn. 5.

19) "의심스러울 때는 저작자의 이익으로"라는 원칙은 저작권법에 있어서 아주 중요한 원칙이다. 특정 제작물이 저작권법상 보호를 받을 수 있는가 하는 의문이 생겼을 때와 저작자와 이용자 사이에 충돌하고 있는 이익을 형량할 때에 이 원칙이 고려되어야 함은 물론이다. 전자는 아래에서 언급할 kleine Münze와 연결되어 있고, 후자는 계약해석과 관련하여 중요한 문제를 제기한다(독일 저작권법 제31조 제5항, 우리 저작권법 제46조 제2항). 장인숙 위의 책, 130면. 이 원칙과 관련하여 우리 판례 1996. 2. 23. 선고, 94도3260판결(저작권법 위반)은 다시 음미해보아야 한다.

정을 표현한 창작물이라고 정의하고 있다. 우리는 이 조항으로부터 저작물로서 성립하기 위해서는 우선 네 가지의 요건이 충족되어야만 한다는 것을 알 수 있다. 첫째, 창작의 주체가 '인간'이어야 한다는 점, 둘째, 인간의 '사상 또는 감정'이 표출되어야 한다는 점, 셋째, 인간의 사상 또는 감정이 '표현'되어야 한다는 점, 넷째, '창작적'이어야 한다는 점이다.

이하에서는 저작권의 대상으로서 저작물의 성립요건을 분설하고자 한다.

1) '인간'이 창작하여야 한다.

인간이 창작하여야 한다는 의미는 자연인만이 창작의 주체가 될 수 있다는 의미이다. 따라서 원숭이가 그린 그림이나 기계가 작곡한 악곡 등은 저작물이 아니다. 그러나 인간이 기계를 작동함에 있어서 주체적인 역할을 수행하였다면 인간이 창작자라고 말할 수 있다.

독일의 문헌에서는 인간이 창작하여야 한다는 의미를 다음과 같이 파악하고 있다. 하나는 개인적 창작이어야 하고, 다른 하나는 개별적 창작이어야 한다는 점이다. 독일의 문헌[20]에 따르면 '개인적'이라는 의미에는 두 가지가 있다고 한다. 우선 개인으로서의 자연인만이 저작자가 될 수 있다는 것이고, 두 번째로는 저작자의 개별성이 저작물 속에 침전되어 있어야 한다는 것이다.

독일 저작권법 해석에 따르면 저작물의 저작자는 자연인만이며, 공동저작물인 경우에는 자연인 그룹만이 저작자가 될 수 있다. 따라서

20) Fromm/Nordermann, a.a.O., §2 Rdn. 11; Eugen Ulmer, *Urheber- und Verlagsrecht*, 3 Aufl, Springer, 1980, S. 133, 183.

단순히 기계, 동물이 작성한 창작물은 저작권법상의 저작물이 될 수 없다.[21] 하지만 우연의 법칙이나 자연법칙에 따라 단순히 창작된 것이 아니라, 인간의 의지 내지는 창조력이 함께 작용했다면, 개인적인 창작이 되는 것이다.

명정상태에서 창작된 저작물은 저작권법의 보호를 받을 수 있을까? 이 점에 관해서 스위스 연방법원은 명정상태에 있는 사람도 저작물을 창작할 수 있다고 보았다. 그 이유는 창작행위는 법률행위가 아니라 사실행위이기 때문이다.[22] 따라서 저작물 창작자에게 행위능력은 저작물의 성립요건이 아니며, 또한 저작권을 취득하기 위한 어떤 의사도 필요하지 않다고 보았다.[23] 그러기 때문에 미성년자나 금치산자 그리고 순간적으로 정신적 착란상태에 있는 자도 저작물을 창작할 수 있다. 즉 이들도 저작권을 취득할 수 있다. 천재소년 모차르트는 이미 5세부터 작곡을 시작했다는 사실을 보면 이 결론이 정당함을 금방 알 수 있다.[24]

인간이 창작하여야 한다는 의미의 두 번째로서는 개별성이 있어야 한다는 점이다. 즉 저작자로서의 개별성이 저작물 속에 각인되어 있어야 한다는 것이다. 저작물 속에 저작자의 개별성이 각인되어 있다는 의미는 저작물은 개별적 특성을 가져야 한다는 것을 말한다. 이 개별성은 독일 저작물개념의 구성요소에 있어서 중심적 요소이다. 특히 독

21) 영국저작권법 제9조 제3항에 따르면 "컴퓨터로 제작된 문학, 연극, 음악 또는 예술저작물의 경우에는 저작물의 창작에 필요한 조치를 취한 사람이 저작자로 간주되어진다."고 규정하고 있다. 이는 인간의 행위가 개재됨이 없이 컴퓨터에 의해서 창작되어진 저작물도 보호를 받는다는 의미이다(Vgl, Cohen Jehoram, Hybriden auf dem Grenzgebiet zwischen Urheberrecht und gewerblichen Rechtsschutz, *GRUR Int.* 1991, 694.);송영식·이상정·황종환·이대희·김병일·박영규·신재호, 「송영식지적소유권법(하)」, 2013, 559면.

22) 장인숙, 저작권법원론, 52면.

23) Ulmer, Urheber- und Verlagsrecht, S. 185.

24) Schweiz BG *ZUM* 1991, 236f.

일 저작권법 제11조[25]와 관련하여 이 개별성은 저작자와 저작물과의 불가분적인 관계를 나타내기 때문이다. 그러나 불가분의 관계가 있다고 해서 창작자의 개인적 특성이 저작물 속에 어느 정도까지 나타나야만 하는가 하는 의미는 아니다.

3류 소설이나 유행가 속에도, 예컨대 노벨상 수상자와 같은 고상한 문학가나 수준 높은 오페라 작곡자의 저작물과 마찬가지로 저작자의 개별성이 저작물 속에 투영되어 있다.[26] 저작자의 개인성이 저작물 속에 투영되어 있다고 하는 것은 정신적 창작활동에 바탕을 둔 "개별적 특성"[27]이 저작물 속에 나타나 있다는 의미이다. 따라서 앞에서 언급한 대로 독립된 두개의 저작물이 우연히 동일하다 하더라도 저작물로서 보호를 받을 수 있는 것이다.

1993년에 규정된 컴퓨터프로그램에 대한 조항/독일 저작권법 제69조 a 제3항/에 따르면 "저작자의 독자적인 정신적 창작물의 결과인 개별적 저작물"이 표준적인 것이고, 저작자의 개인성이 프로그램에 각인되어 나타나야 하는 것은 아니다.

입법적으로 스위스 저작권법 제2조 제1항에서 저작물은 개별적 특성을 가지는 정신적 창작물이라고 규정하고 있고, 그 제4항에서도 저작물의 초안, 타이틀, 부분저작물도 개별적 특성을 가지는 정신적 창작물이라면 보호를 받는다고 규정하고 있다.

---

25) 제11조 총칙 저작권은 저작물에 관한 저작자의 정신적 그리고 인격권 관계와 저작물의 이용에서 저작자를 보호한다. 저작권은 동시에 저작물의 이용에 대한 상당한 보상의 보장에 기여한다.(§ 11 Allgemeines. Das Urheberrecht schützt den Urheber in seinen geistigen und persönlichen Beziehungen zum Werk und in der Nutzung des Werkes. Es dient zugleich der Sicherung einer angemessenen Vergütung für die Nutzung des Werkes.)

26) Schricker, Urheber- und wettbewerbsrechtlicher Schutz von Telefonbüchern und Telefonbuchdaten, *Archiv PT* 96, 5, 6.

27) BGHZ, 9, 262, 268 – Lied der Wildbahn.

2) 인간의 '사상 또는 감정'을 표현하여야 한다.

인간의 사상 또는 감정을 표현하여야 한다는 의미는 정신적 창작이라는 본래적 의미이다.[28] 이는 육체적 노동에 대비될 수 있는 개념이고 저작권은 바로 정신적 창작인 인간의 사상 또는 감정을 어떻게 표현하였느냐에 그 보호의 중심이 있다.

정신적 창작이라는 것은 인간 정신활동의 산물, 즉 사상적 표현이라는 것이다. 비록 그 결과가 새롭고 독자성이 있다고 할지라도 자연의 활동에 의해서 예를 들어, 특이한 형태의 고드름이나 자연현상, 또는 우연에 의해서 이루어진 것, 주사위에 의해서 창작된 음열이라면 저작권법의 보호 대상이 되지 아니한다. 우리 판례[29]에 따르면 저작물의 요건으로서 사상 또는 감정을 표현할 것을 요구하고 있는데, 우리 학설[30]은 이를 숭고한 철학적 의미의 사상 또는 감정이 아니라 지적활동의 소산물로서의 저작물에 정신적 내용이 표현된 것으로 보고 있다.

독일 저작권법상 저작물로서 보호를 받기 위해서는 저작물은 문학, 학술, 그리고 예술의 영역에 속하여야 한다/독일 저작권법 제1조/. 이러한 저작물은 또한 개인적이고 정신적인 창작물이어야 한다/독일 저작권법 제2조 제2항/. 이 외에는 저작물에 관한 특별한 정의규정은 없다. 1965년 독일 저작권법이 통합적으로 제정되면서, 저작권법 제정을 위한 이유서[31]에서 개인적이고 정신적인 창작물이란, 내용과 형식에 있어서 또

---

28) 이해완, 「저작권법(제3판)」, 박영사, 2015, §3-23; 박성호, 전게서, 33면.

29) 대판 1993. 6. 8. 선고, 93다3073판결.

30) 황적인·정순희·최현호, 전게서, 223면; 송영식외 6인, 전게서, 559면; 이상정, '저작물에 있어서 창작성 판단과 보호대상', 계간 저작권 1994 겨울호, 55면.

31) BT-Drucke, IV/270, 38.

는 내용과 형식의 결합을 통하여 새로운 것과 독자적인/etwas Neues und Eigentümliches/것을 표현하고 있는 것이라고 정의하고 있다. 따라서 독일 저작권법상 저작물의 요건으로 볼 수 있는 것은 문학, 학술 그리고 예술의 영역에 속하는 모든 저작물이 아니라, 정신적이고 개인적인 창작물이다. 역으로, 개인적이고 정신적인 창작물은 문학, 학술 그리고 예술의 분야에 속하여야 한다. 이 두 가지의 상호작용적인 요건은 항상 염두에 두어야 한다.[32)]

3) '창작'하여야 한다.

저작권의 보호 내지 존재이유는 저작물을 창작하였기 때문이다.[33)] 저작물에서 '창작'이라는 표지는 '어떠한 새로운 것'/etwas Neues/이 창작되었을 것을 필요로 한다. 따라서 다른 사람이 이미 창작해 놓은 것을 반복하는 것은 창작이 아니라, 단순한 재생 내지 재현이다.[34)] 특히 그릇, 가구 등과 같은 일상용품이나 회사표장 등과 같이 이미 사람들에게 알려진 형태는 보호자격을 상실한다.[35)] 앞서 언급한 바와 같이 우연히 다른 사람과 동일한 것을 창작했다고 하더라도 기본적으로 두 개

32) Wenzel, *Urheberrecht für die Praxis*, 3. Aufl. Rdn. 2 ; Rehbinder, a.a.O., Rdnr. 148; Fromm/Nordermann, a.a.O., §2 Rdn. 1; Schulze, Werturteil und Objektivität im Urheberrecht, *GRUR* 1984, S. 401f. 우리 판례도 이러한 태도를 취하고 있다고 할 수 있다. 대판 1993. 6. 8. 선고, 93다3073 : 1990. 10. 23. 선고, 90다카8845. 그러나 우리 판례는 저작물의 요건으로서 사상과 감정을 표현할 것을 요구하고 있다. 이것은 물론 일본 저작권법 해석의 영향이라고 생각되어진다(허희성, 위의 책, 20면). 그런데 저작물의 요건으로서 꼭 사상과 감정을 표현해야 한다는 문구를 고집할 필요가 있을까 라는 의문이 든다. 현대의 저작물 중에는 사상 또는 감정이 표현되어 있지 않은 저작물, 예컨대 컴퓨터프로그램이나 데이터베이스와 같은 저작물도 있고 사상 또는 감정보다는 오히려 미적판단을 요구하는 저작물도 많이 존재하기 때문이다.

33) 오승종, 「저작권법(제3판)」, 박영사, 2013, 41면.

34) BGHZ 44, 283, 288 Apfelmadonna, 곽경직, '창작성의 개념', 계간 저작권 1995 여름호, 5면.

35) BGH NJW 82, 108 - Strahlstuhl Ⅱ.

의 독자적인 창작물이 성립한다.[36)] 왜냐하면 독일 판례에 따르면 새로운 것이란 객관적 관점이 아니라, 단지 주관적인 관점에서 요구되는 것이기 때문이다.[37)] 그러나 두 개의 창작물이 완전히 동일하게 창작되는 경우는 있을 수 없다는 것이 독일판례[38)]의 태도이다. 따라서 완벽한 동일성은 표절을 추정하게 하는 것이다. 그런 까닭에 동일한 창작물이거나, 거의 유사한 창작물인 경우에는 시간적으로 후에 창작한 창작자가 자신은 앞의 창작물에 관해서 알지 못했다는 점을 입증하거나, 또는 앞의 저작물이 저작권보호가 되지 않는 저작물이라는 점, 즉 자유롭게 이용할 수 있는 저작물이라는 점을 입증하여야 한다. 실무상 음악저작물 특히 유행가나 춤곡과 같은 kleine Münze/작은 동전/에서 이러한 문제가 자주 발생한다.

4) 대외적으로 표현되어야 한다.

정신적 활동의 산물인 저작물은 어떤 형태로든지 표현되어야 한다.[39)] 아직 대외적으로 표현되지 않은 아이디어는 저작권보호의 대상이 아니다. 이에 반하여 표현의 완성은 저작권의 보호요건은 아니다.[40)] 따라서 학문적 논문의 초안 완성, 약도, 그림의 초안, 완성되어지지 않

36) 허희성, 「신저작권법축조개설」, 18-19면, 송영식·이상정, 전게서, 115면.

37) BGHZ 5. 116, 120 – Parkstr. 13.

38) BGH NJW 89, 387 Ein bißchen Frieden ; 일본판례는 이를 긍정한 예가 있다. 송영식·이상정, 위의 책, 115면 ; Schricker 교수는 우연히 창작되어졌지만 동일하게 창작되어진 저작물은 실제로 인간이 거의 잡을 수 없는 하얀 까마귀=진귀한 것(ein weiβer Rabe)이라고 하면서, 이론적인 박물표본실에서 이 희귀한 새는 중요한 위치를 차지하고 있는데, 그 이유는 특허법과는 달리 저작권법은 주관적으로 새로운 것이면 충분하며 저작권법에는 차단효가 없다는 것을 이 희귀한 새는 보여준다고 비유하고 있다. Schricker, GRUR 1988, 815(Anmerkung zu BGH GRUR 1988, 810 – Fantasy-und BGH GRUR 1988, 812- Ein biβchen Frieden).

39) Schack, a.a.O. §9 Rdn. 187; 이상정, '저작물에 있어서 창작성 판단과 보호대상', 계간 저작권 1994, 겨울호, 53면.

40) Ulmer, a,a,O. S. 131; 이해완, §3-28; 박성호, 40면.

은 심포니 등도 저작권의 보호대상이다. 그러나 출판법상의 저작물개념은 저작권법상의 저작물개념보다 좁다.[41] 출판법상 저작물은 저작물이 완성되어졌을 때에만 성립하기 때문이다.[42]

외부로 표현되어야 한다는 의미를 최소한 우리 저작권법의 해석에 있어서는 저작물은 유체물에 고정되어져야 한다는 것으로 이해해서는 안 된다. 또한 시의 형식, 창작의 방법과 기술, 양식, 예를 들자면 아르놀트 쇤베르크/Arnold Schönberg/에 의해서 도입된 12음지 같은 것은 보호대상이 아니다. 누군가 이 12음지를 이용해서 작곡을 하였다면 이 작곡된 곡 그 자체가 저작권보호의 대상이 된다.

그 동안 저작권보호의 대상은 표현 형식이지, 저작물의 내용 또는 창작적 아이디어는 그 대상이 아니라고 보았다.[43] 이러한 형식과 내용의 이분법은 정신적 창작물의 본질에 적당하지 않다.[44] 왜냐하면 문학저작물에서 보는 바와 같이 사건진행, 드라마의 내적 구성 등은 창작활동의 핵심이며, 그 구체적인 표현은 저작물의 외적 포장이기 때문이다.[45]

저작물개념에 관한 이론/異論/ 중에 약간 진보적인 견해가 있다.

41) 우리나라의 출판문화산업진흥법 제2조 제1호에서 출판은 "저작물 등을 종이나 전자적 매체에 실어 편집·복제하여 간행물(전자적 매체를 이용하여 발행하는 경우에는 전자출판물만 해당한다)을 발행하는 행위를 말한다."라고 규정하고 있다. 또한, 제4호에서 전자출판물은 "이 법에 따라 신고한 출판사가 저작물 등의 내용을 전자적 매체에 실어 이용자가 컴퓨터 등 정보처리장치를 이용하여 그 내용을 읽거나 보거나 들을 수 있게 발행한 전자책 등의 간행물을 말한다."라고 정의하고 있다. 따라서 출판법상의 저작물은 최소한 독자 내지 문화수요자가 보고, 들을 수 있는 정도의 것이어야 함을 알 수 있다.

42) BGHZ 9, 240 f.-Gaunerroman; 독일출판법 제6조 제1항 참조. 제6조(추가 및 증정본) ① 통상적인 추가본은 허용된 출판부수에 함께 계산되지 아니한다. 증정본의 경우에도 그 수가 허용된 출판부수의 20분의 1을 넘지 아니하는 한 이와 같다.

43) 송영식외 6인, 전게서, 559면.

44) Schack, a.a.O., §9 Rdn. 160.

45) 송영식외 6인, 562면 참조; 이상정, 위의 논문, 57면 이하; 이상정, 위의 논문, 57면 이하.

Kummer에 의해서 대표되는 견해인데, 통계적으로 다른 존재/Anders-Sein/ 또는 1회적 존재/Einmalig-Sein/이면 보호자격이 있고 개별성이 있다고 보는 것이다.[46] 이런 개념을 도입하면 개별적 저작물들은 상대적으로 폭넓게 보호될 수 있다. 따라서 미적 가치나 미적 내용을 요구하는 기준은 그 특징상 주관적이기 때문에 채택되지 않는다. 동시에 여기서 "통계적으로 1회적"이라는 의미는 수학적으로 엄격한 의미의 1회성이라는 것은 아니고 "명백한 개별성"이라는 확정된 개념을 쓴다.[47] 또한 명백한 개별성이라는 것은 모든 개별적인 것을 말하는 것이 아니라, 평균적 관찰자가 자연스러운 관점/im Rahmen seiner natürlichen Optik/에서 인식할 수 있는 다양성을 말한다.[48]

이 보다 더 급진적인 이론은 Rau에 의해서 주장된다. 그는 "감각적으로 인식 가능한 모든 형태"/jede sinnlich wahmehmbare Form/를 보호하자는 것이다. 그때그때마다 개별성에 맞추어 보호범위를 크게 혹은 작게 하자는 견해이다. 이러한 견해는 보호범위에 있어서 가치판단을 포기하지 않는 것이다. 즉 상관적으로 가치판단을 해야 한다. 왜냐하면 각 개별적 저작물들의 개별적 특징을 판단해야하기 때문이다. 이 외에도 이 견해는 저작물로서 보호를 받기 위한 최소한의 요건을 영으로 축소해야 한다고 주장한다. 이로써 감각적으로 인식 가능한 형태가 보호를 받을 수 있다고 주장한다.

또한 독자적인 견해[49]로 저작물의 요소로서 특히 예술저작물과 관

---

46) Max Kummer, Das urheberrechtliche schützbare Werk, Abhandlungen zum schweizerischen Recht, herausgegeben von Professor Dr. Hans Merz, Bd. 384, IX, 229 Seiten; *Verlag Stämpfli & Cie.*, Bern 1968, S. 67; Kummer의 견해에 대한 비평 : Ulmer, Der urheberrechtliche Werkbegriff und die moderne Kunst, *GRUR* 1968, S. 527 f.

47) Kummer, a.a.O., S. 67.

48) Kummer, a.a.O.

49) Schmieder, Geistige Schöpfung als Auswahl und Bekenntnis, *UFIFA* 52(1969), S. 107, 113.

련하여 시장성과 저작자의 인정을 드는 견해도 있다. 첫째로 저작물은 미적 분야에서 객관적으로 새로운 것/독창성, Originalität/이어야 하고, 둘째로 저작물이 사회적 의미의 예술저작물로서 이용가능한 것이어야 하고/시장성, Matrktfähigkeit/, 셋째로 저작물은 개인적인 저작성이 있어야 하는데, 반드시 의식적으로 계획된 수작업적인 결과물이라는 의미는 아니고, 오히려 개인 외적인/우연, 기계 또는 창작되어진/ 저작물의 개별적 선택과 표현이라는 의미이다/개별성, Individualität/. 넷째로 저작자가 자신의 저작물을 훌륭하고 공표 가능한 또는 그 외에 계속적으로 해석을 통하여 이용 가능한 결과물이라고 주관적으로 시인해야한다/동일성, Identifikation/.[50)]

이러한 견해들은 경청할 만한 가치가 있고 저작물의 변화 특히 예술분야에 있어서 저작물 변화에 대한 하나의 시사점이 되지만, 독일에서는 하나의 이론/異論/으로서 주장된 것이다. 저작물을 폭넓게 보호하고자 하는 점에서 공통점이 있다고 할 수 있다. 그리고 예술의 흐름에 따라 저작물의 개념을 맞추어야 한다는 점을 강조하고 있는 것이다. 그러나 다분히 주관적인 성격이 강한 견해라고 생각된다.[51)]

독일저작권법에서 우리에게는 다소 생소한 형성정도/Gestaltungshöhe/라는 개념이 있다. 독일의 통설[52)]은 저작물로서 성립하려면 일정한 '형성정도'[53)]를 가지고 있어야 한다고 생각한다. 이 말은 '창작정도' /Schöpferischer/[54)], '성과정도'/Leistungshöhe/ 또는 '창작의 독자성정도'/Schöpferischer

50) Jöstlein, Unruhige Kunst aus urheberrechtlicher Sicht, *UFIFA* 56(1970), S. 114.

51) Schricker 교수는 저작물의 요건으로서 다음과 같이 5 가지를 들고 있다. 창작, 정신적 활동의 확인, 형태의 존재, 개별성, 형성의 정도, 개별성을 제일 중요한 요건으로 보고 있다. Schricker/Loewenheim, §2 Rdn. 3.

52) Ulmer, a.a.O. S. 124; Schricker/Loewenheim, §2 Rdn. 16; 이 요건에 대해서 반대하는 견해도 있다. 즉 창작활동이라는 것은 단순한 활동이상을 말하고, 특정한 형성정도를 행위나 창작의 전제로 하기 때문에, 형성의 정도를 독립된 개념요건으로 하는 것은 포기되어져야 한다고 한다. 입법자에 의해서 선택되어진 개념요소, 즉 개인적이고 정신적인 창작물이라는 것만이 표준적인 것이라고 한다. Fromm/Nordermann, §2 Rdn. 2.

53) 송영식외 6인, 576 - 577면 각주 42에서는 Gestaltungshöhe를 고도성이라고 번역하고 있다.

Eigentü mlichkeitsgrad/라는 표현으로 나타나기도 했다. 이 요건은 독일 저작권법에 기술되어 있는 것은 아니다. 하지만 독일의 통설은 이것을 저작물의 요건으로 보고 있다. 독일에서 형성정도라는 개념을 처음으로 도입하고 발전시킨 사람은 오이겐 울머/Eugen Ulmer/ 교수이다. 울머 교수가 1958년 9월 프라이부르크에서 개최된 산업디자인보호회의/die Referate über den Schutz der industriellen Formgebung/[55]에서 이 개념을 제창하였다. 울머 교수는 보고서에서 "특허법에서 발명정도/Erfindungshöhe/를 말하는 것처럼 예술저작권법에 있어서는 형성정도라는 표현을 쓰는 것이 가능하다"고 했는데 이 제안은 그 회의에서 만장일치의 동의를 얻었고 독일 저작권법에 있어서 하나의 역사를 만들었다. 그리고 그의 저서에서 이 개념을 이용하였다. 울머 교수는 그의 교과서[56]에서 형성정도를 언급하면서, 응용예술 저작물이 저작권보호를 받기 위해서 일정한 예술적 성과의 정도를 요구하는 것이라고 했다. 만약 이 정도에까지 이르지 못했다면, 기껏해야 의장권보호가 고려된다고 했다.[57] 따라서 형성정도라는 개념은 예술저작물과 의장권보호의 경계선상에 있는 문제를 해결하는데 중요한 역할을 한다고 볼 수 있다. 이 개념은 원래 특별한 카테고리, 즉 응용예술저작물에 제한되어 있었다.[58] 그러나 시간의 흐름에 따라 형성정도라는 기준은 변화를 가져왔는데, 문학저작물과 관련된 판례[59]에서 채용되었고 오늘날 저작물의 요건으로서 법문에 기술되어 있지 않은 것으로 보고 있다. 즉 독일의 이론과 실무에서

54) 박성호, 전게서, 44-45면.

55) Ulmer, Der Schutz der industriellen Formgebung, *GRUR Int.* 1959 1, 2.

56) Ulmer, Urheber- und Verlagsrecht, S. 150.

57) 이 점과 관련하여서도 우리 판례 1996. 2. 23. 94도3260(저작권법위반)은 다시 음미해보아야 한다.

58) Schricker, Der Urheberrechtsschutz von Werbeschöpfungen, Werbeideen, Werbekonzeptionen und Werbekampagen, *GRUR* 1996, 815, 817 ; Ulmer, *GRUR Int.* 1959, 1, 2.

59) BGH GRUR 1982, 305, 306 - Büromöbelprogramm.

이 개념은 일반화되어 있다.

형성정도라는 것은 모든 저작물에 있어서 창작성의 정도가 저작권 보호를 받을 수 있는가 여부를 따질 때 적용될 수 있는 개념이 되었고, 장인(匠人)뿐만 아니라 보통인이 창작하는 정도를 초월하는 저작물을 요구하고 있다.[60] 지적창작물의 최소한으로서의 형성정도는 양적개념으로서 개별성과 결부되어 있는 것이다.[61] 개념적으로 개별성과 결부되어 있는 것이다.[62] 판례는 이 형성정도라는 개념을 객관적으로 판단하기 위해서 독자성 심사에 있어서 2단계로 나누어 판단하고 있다. 우선 이미 존재하고 있던 형성물과의 전체적인 비교가 행해진다.[63] 물론 이 말은 신규성심사에 관한 것은 아니다. 의장권의 보호요건과는 달리 이것은 저작권 보호요건이 아니기 때문이다. 구체적 형태창작이 이미 존재한 창작물에 비해서 개별적 특성을 가지고 있는지 여부가 문제된다.[64] 특히 컴퓨터 소프트웨어영역에서는 이미 존재한 프로그램과의 비교 그리고 그 당시 알려져 있거나 보통의 명령, 체계, 구조 그리고 배열원칙과 같은 개별적 발전단계의 성과물과의 비교가 행해진다. 이미 존재한 저작물과 전체비교라는 잣대에 의해 창작적 속성이 확인되었다면, 이어서 이 창작적 특성이 저작권보호를 받기에 충분한지를 심사하여야 한다. 즉 필요한 형성정도를 가지고 있는지 여부를 심사해야 한다. 이 형성정도를 심사하기 위해서 확인된 창작적 특징들과 이로부터 생겨난 전체적 인상이 평균적 형성자의 창작과 대비되어야 한다.[65] 일상적인 것들과 상당한 수준으로 대조를 이루는 창작만이 보호를 받

60) Rehbinder, a.a.O., Rdnr. 152.
61) Schricker/Loewenheim, Urheberrecht, §2, Rdnr. 16.
62) a.a.O.
63) BGHZ 25, 351, 357-Candida-Schrift.
64) Vgl. BGHZ 94, 276, 286 - Inkasso-Programm.
65) BGH GRUR 1984, 659, 661-Ausschreibungsunterlagen; BGHZ 94, 276, 287 Inkasso-Programm.

고, 응용예술의 분야에서 의장법에 따라서 보호를 하려고 할 때 나타나는 기준, 즉 적은 정도의 독자성 요건과의 구분을 확실하게 할 수 있다. 각 유형의 창작적 형성물들에 어느 정도 능통하고 여기에 대해서 감수성이 있는 관계자들의 해석은 형성정도에 대한 심사를 할 때 적절한 요소가 된다.[66] 그러나 아무런 흥미도 없는 문외한의 판단이라든지, 또는 그 문제된 분야에서 특별한 교육을 받거나 훈련을 받은 전문가의 판단에 의존해서도 안 된다.[67] 평가의 시점은 저작물의 창작시이다.[68] 저작물이 성립하기 위해서 필요한 형성정도를 심사할 때에는 다음 단계로 살펴보아야 한다. 첫째, 평균적인 형성자의 능력, 순수하게 직업적인 것, 일상적인 것, 틀에 박힌 것, 재료의 기술적 배열과 조합과 같은 것은 보호자격이 없다. 둘째, 이것을 넘어서서 평균적 형성활동과의 간격이 그렇게 경미하지 않은 창작적 성과는 의장권보호의 자격이 있다.[69] 셋째, 평균적 형성활동과의 간격이 현저하게 떨어진 곳에서 가장 낮은 저작권보호가 시작된다. 이 보호는 보통 평균적 능력에 대해서 창작활동의 명백한 우월을 전제로 하고 있다.[70] 저작권보호의 아래 경계에는 다음에서 언급할 소위 kleine Münze 라는 것이 존재한다. 이 개념은 단순하지만, 그러나 보호를 받을 수 있는 창작물/die einfache, gerede noch schutzfähige Schöpfungen/인 것이다. 입법자도 이 kleine Münze/작은 동전/를 저작물보호 속에 포함시키려고 한다.[71]

그러나 최근에는 이 형성정도라는 요건에 대해서 회의를 가지게 되었다. 특히 유럽공동체 입법지침[72]과 조화를 시키기 위해서 1993. 6. 9

66) BGH GRUR 1981, 267, 268 - Dirlada.
67) BGHZ 27, 351, 356 - Canadida-Schrift.
68) BGH GRUR 1961, 635, 638 - Stahlrohrstuhl I; 1981, 820, 822 - Stahlrohrstuhl II.
69) BGH GRUR 1983. 377, 378 - Brombeer-Muster.
70) BGHZ 94, 276, 287 - Inkasso-Programm.
71) BT-Druck, IV/270, S. 38.

에 개정된 독일 저작권법의 입법이유서[73]에는 "독자적으로 형성된 창작물"을 요구하는 것은 고려를 요하는 것이라고 표현하고 있다. 특히 컴퓨터프로그램과 관련하여 유럽법의 통일화방안은 이 형성정도라는 개념을 재고하도록 했다.[74] 컴퓨터프로그램보호에 관한 유럽공동체의 입법지침 제1조 제3항을 본받은 독일 저작권법 제69조 a 제3항에서 컴퓨터프로그램에 대해서는 전통적인 저작물들과 본질적으로 다른 차이점을 규정하고 있다. 법문에 따르자면 컴퓨터프로그램이 저작자의 독자적이고 정신적인 창작의 결과물이라는 의미에서의 개별적 저작물을 표현하고 있다면 보호를 받고 다른 기준, 특히 질적이어야 한다거나 미적이어야 한다는 것은 요구하지 않는다고 한다. 즉 개별성이 보호요건인 것이다.[75] 독일 저작권법 제2조 제2항에 따르면 단지 개인적이고 정신적인 창작물만이 저작물로 보호를 받는다는 것이었고, 판례[76]도 이것에 따라서 명백히 평균적 프로그램창작자의 능력을 넘어서는 독자적인 창작적 성과를 요구하였다. 즉 위에서 언급한 대로 소재의 선

72) Richtlinie des Rates vom 14. Mai 1991 über den Rechtsschutz von Computerprogrammen, GRUR Int. 1991 545 f. 유럽공동체의 입법지침에 따라서 이루어진 첫 번째 독일 저작권법 개정이 바로 컴퓨터프로그램에 관한 조항들이다. 독일저작권법에 따르면 사진저작물을 Lichtbildwerk와 Lichtbilder로 나누어 보호하고 있다. Lichtbildwerk는 저작물로서 제2조 제1항 제5호에 의하여 저작권의 보호대상이 되며, Lichtbilder는 저작인접권의 보호대상으로서 제72조 제1항에 의하여 보호되고 있다. 그런데 저작권의 보호기간과 특정인접권의 보호를 위한 입법지침 제6조에는 다음과 같이 규정하고 있다. 사진저작물은 저작자의 독자적이고 정신적인 창작의 결과라는 의미에서의 개별적 저작물을 나타내고 있다면, 제1조(저작권보호기간에 관한 조항)에 따라 보호된다. 그 보호자격에 관한 규정에 대해서는 다른 기준이 적용되어져서는 안된다. 회원국은 다른 사진저작물의 보호에 대해서도 규정할 수 있다. 즉 사진저작물에도 컴퓨터프로그램과 같은 기준이 적용된다고 할 수 있다(Richtlinie 93/98/EWG des Rates vom 29. Oktober 1993 zur Harmonisierung der Schutzdauer des Ureheberrechts und bestimmter verwandter Schutzrechte, GRUR Int. 1994. S. 141 ff.).

73) BT-Drucksache 13/781, S. 10.

74) Lehmann, Die Europäische Richtlinie über den Schutz von Computerprogrammen, in Lehmann(Hrsg.) : *Rechtsschutz und Verwertung von Computerprogrammen*, Rdn. 4; ders, GRUR Int. 1991, 327, 329; ders, Der neue Europäische Rechtsschutz von Computerprogrammen, *CR* 1991, 577, 578; Erdmann/Bormkaun, Schutz von Computerprogrammen, *GRUR* 1991, 877.

75) Fromm/Nordermann, a.a.O., §69a, Rdn. 4.

76) Vgl. BGHZ, 94, 276 – Inkasso-Programm; 112, 264, 273 f.-Betriebssystem.

택, 편집, 배열 그리고 배분에 있어서 창작적 성과의 표현을 발견할 수 있어야 한다고 하는 높은 요구를 하였던 것이다.[77] 그러나 컴퓨터프로그램과 관련하여 독일 저작권법 제69조 a는 제2조 제2항보다 낮은 형성정도를 요구하고 있다. 입법이유서에서의 표현과 같이 단순한 개인적인 창작물을 요구하고 있는 것이다.[78] 또한 학문과 관련된 저작물에 관한 최근의 판례에서는 "상당한 정도로 보통의 수준을 넘어야 한다"라는 문구를 명시적으로 피하고 있고 앞으로는 완화된 기준이 적용될 것이라고 한다.[79]

그리고 1997. 7. 22 에 행해진 데이터베이스에 관한 조항의 개정은 데이터베이스에 관한 유럽공동체의 입법지침[80]에 따라 이루어진 것이다. 이 지침 중 근거 제15번을 보면 데이터베이스가 저작권보호를 받기 위해서 고려되는 기준은, 저작자가 데이터베이스의 선택 또는 배열에 있어서 독자적이면서 정신적인 창작/eine eigene geistige Schöpfung/을 수행했는지에 제한되어야 한다고 되어있고, 제16번을 보면 데이터베이스가 저작권보호를 받을 수 있는지 여부에 대한 판단에 있어서, 정신적 창작물이라는 의미에 독창성/Originalität/이라는 다른 기준들이 적용되어서는 안 된다고 되어 있다. 또한 특히 데이터베이스의 질적 또는 미적 판단도 시도되어서는 안 된다고 한다. 이에 따른 입법지침 제3조 제1항에 의하면 데이터베이스는 소재의 선택과 배열에 있어서 저작자의 독자적인 정신적 창작을 표현하고 있다면 그 자체가 저작권보호를 받

77) Schricker/Loewenheim, a.a.O., §2, Rdn. 80 ; Haberstumpf, in M. Lehmann(Hrsg.), *Rechtsschutz und Verwertung von Computerprogramm*, S. 26.

78) BT-Drucks, 13/781. S. 9.

79) BGH GRUR 1994, 39, 40 - Buchhaltungsprogramm; Schricker, Der Urheberrechtsschutz von Werbeschöpfungen, Werbeideen, Werbekonzeptionen und Werbekampagnen *GRUR* 1996, 815, 818.

80) 이 데이터베이스에 관한 유럽공동체 지침은 GRUR Int. 1996, 806면 이하에서 찾아볼 수 있다. 이 입법지침 제16조 제1항에 의하면 공동체국가는 1998. 1. 1.까지 국내법으로 입법화를 하여야 한다고 규정하고 있다. ; 송영식·이상정, 위의 책, 90-91면.

으며 어떠한 다른 기준도 적용되어서는 안 된다고 하고 있다. 이에 따라 독일 저작권법 제4조 제2항이 새로 신설되면서 다음과 같이 규정하고 있다. 이 법에 있어서 데이터베이스저작물이란 그 소재가 체계적으로 또는 방법적으로 배열되어 있고, 그 개별적 소재를 전자적인 방법이나 다른 방법으로 접근할 수 있도록 한 편집저작물이다. 데이터베이스저작물을 창작하기 위해서 또는 그 요소에의 접근을 가능하게 하기 위해서 이용된 컴퓨터프로그램은 데이터베이스저작물의 구성부분이 아니다. 즉 독일 저작권법 제2조 제2항과 제4조 제1항의 단순히 개인적이고 정신적인 창작물이라는 기준보다는 훨씬 완화된 기준을 제시하고 있다. 이전에는 데이터베이스 저작물도 편집저작물로서 보호를 받았고, 이에 따라서 제4조 제1항에 규정된 대로 개인적이고 정신적인 창작물이어야만 하였다. 물론 이렇게 높은 기준에 대해서 많은 비판이 있었다.[81)]

저작물개념 또는 성립요건의 한계[82)]와 관련하여 앞서 언급한 작은 동전/kleine Münze/을 조금 더 언급하고자 한다. 세상에는 저명한 미술가, 음악가, 작가 등의 훌륭한 저작물도 많이 존재하지만, 그 보다는 오히려 삼류소설, 유행가 등 소위 통속적인 저작물이 더 많이 존재한다. 이러한 저작물 모두 개별적 특성을 가지고 있다. 독일에서는 이러한 것을 통칭하여 "작은 동전"/kleine Münze/이라고 한다. 작은 동전론의 특징은 개별성과 독자성의 정도를 최소한도로 낮추었다고 하는 점이다.

이 개념은 1921년 Elster가 그의 교과서[83)]에서 저작권의 대상에 대

81) Hilling Der Schutz von Datenbanken aus der Sicht des deutschen Rechts, *ZUM* 92, 325, 326 f; Berger, Der Schutz elektronischer Datenbanken nach der EG-Richtlinie vom 11. 3. 1996, *GRUR* 1997, 169, 170.

82) 저작물개념과 관련하여 응용예술저작물과 의장권 사이에서 발생하는 문제와 미적판단문제 등이 있어나 여기에서는 생략한다.

해서 그것이 큰 동전이든 작은 동전이든 창작된 것이기만 하면 동일하게 보호를 받는다는 표현을 처음으로 이용하였다. 그 후로 이 개념은 저작권법상 중요한 개념요소가 되었고, 저작권보호의 최저단계에 놓여 있지만, 여전히 보호되는 형성물이라는 것이다. 독일 연방대법원도[84] kleine Münze를 단순하지만 여전히 보호를 받는 정신적 창작물이라고 표현하고 있다. 이미 제국법원 때부터 kleine Münze에 관한 판례들이 축적되어 있었다. 즉 계산표/Rechentablelle/[85], 요리책/Kochrezepte/[86], 주소록/Adressbücher/[87], 주문양식/Bestellformulare/[88], 차표/Einheitsfahrscheine/[89], 제2차적 음악저작물/musikalische Bearbeitungen/[90] 등이 그 예라 할 수 있다. 따라서 kleine Münze라는 개념은 한편으로는 창작적 가치가 적은 저작물의 집합적 개념이고, 다른 한편으로는 보호자격의 최저단계에 놓여 있는 저작물유형이라고 표현할 수 있다.

이미 위에서 지적한 바와 같이 독일 저작권법 제69조 a 제3항에서 컴퓨터프로그램에 대한 보호요건을 완화한 것은 앞으로도 저작권법상 kleine Münze의 형태가 계속적으로 보호될 수 있다는 것을 암시하는 중요한 단서가 된다.[91] 그리고 kleine Münze는 아무리 전문적인 성과물이라고 하더라도 창작의 정도가 약하기 때문에, 즉 보통 객관적으로만 독자성이 있는 것이기 때문에, 경쟁법적인 보호를 하는 것으로도 충분하다는 견해[92]도 있다. 위에서 언급한 대로 형성정도라는 요건이 완화

83) Elster, Gewerblicher Rechtsschutz, 1921, S. 40.
84) BGH GRUR 1981, 267, 268 - Dirlada.
85) RGZ 12, 358.
86) RGZ, 81, 120.
87) RGZ, 116, 292.
88) RGSt, 46, 159.
89) BGH GRUR 1959, 251 0 Einheitsfahrschein.
90) BGH UFITA 51(1968), 315 - Gaudeamus igitur.
91) Fromm/Nordermann, a.a.O., §2 Rdn. 19; §69a Rdn. 4.
92) Rehbinder, a.a.O., Rdnr. 153.

되거나 또는 거의 포기된다면 앞으로는 상대적으로 kleine Münze에 대한 보호가 광범위하게 이루어질 것이다.

저작권과 소유권의 관계

제4장

1. 두 권리의 의미

저작권과 밀접한 관계를 가지면서 저작권을 긴장시키는 것은 '저작권이 있는 작품/저작물/에 대한 소유권'이라는 개념이다. 이 소유권은 저작권이라는 한계를 역시 가지고 있다. 그 동안 특허권, 상표권, 저작권 등 소위 지적산출물에 대한 권리를 통칭하는 용어로써 지적 '소유권'이라는 단어를 이용하여 마치 저작권이 소유권의 한 내용인양 오해할 수 있는 소지가 있었다. 그러나 지식재산권 중 저작권은 이러한 지적인 산물인 저작물의 내용을 담고 있는 매개체를 소유하는 것, 즉 유체물을 대상으로 하는 소유권과는 확실히 구분이 된다.

저작권과 소유권의 관계에 관해서 예를 들면, 소설가의 소설책을 구입할 때 구매자는 그 소설책의 종이묶음을 구입하는 것이 아니고, 그 소설의 내용, 구성, 문체, 그 소설에 담긴 작가의 사상 내지 가치관, 철학과 같은 무형의 가치를 염두에 두고 구입할 것이다. 구매자는 소설책을 서점에서 구입함으로써 소설 '책/冊/'에 대한 소유권은 취득하였다고 할 수 있지만, '소설/小說/'에 대한 저작권은 취득하지 못한다. 구매자는 이 책에 낙서를 하든지, 밑줄을 긋든지 임의대로 할 수 있다. 심지어는 찢어버려도 되고, 그 책을 타인에게 처분할 수도 있다. 이러한 행위가 가능한 것은 이 소설책에 대한 소유권에 기하기 때문이다.

그러나 이 소설을 토대로 저작자의 동의 없이 영화각본이나 연극 대본을 작성하는 행위는 할 수 없다. 이는 위와 달리 저작자의 권리에 해당하기 때문이다.[1] 다른 표현을 빌자면, 소설책/물건/에 대해서는 물권법이 적용되고, 소설/저작물/에 대해서는 저작권법이 적용되기 때문이다.

너무나도 당연해 보이는 이러한 법리는 독일, 미국과 우리나라 법원에 의해서 확인을 받고 있다. 이미 1912년 독일제국법원의 판결[2]에서 저작권과 저작권이 있는 작품의 소유권과의 관계는 서로 독립적이라고 밝히고 있다. 소위 사이렌판결[3]이라고 불리는 사건에서 "저작권은 기본적으로 소유권과 관계없이 행사될 수 있고, 소유권은 저작권과 관계없이 행사된다."고 설시하고 있다. 한 예술가가 베를린의 계단집에 '바위섬의 사이렌/Felseneiland mit Sirenen/'이라는 프레스코화를 그려달라는 주문을 받아 완성하였다. 그러나 그 집의 여주인은 예술가의 동의 없이 이 프레스코화에 있는 나체의 사이렌에 옷을 입히는 덧칠[4]을 가하

1) 오승종 「저작권법(제3판)」, 박영사, 2013, 348-349면; Ulmer, a.a.O., S. 13; Schack, a.a.O., Rdnr. 33 ff.

2) 이기수, 서독저작권법, 저스티스 21권 1988, 91면; RGZ, 79, 397-Freskogemälde. 판결의 요지는 다음과 같다. "예술품의 소유자는 예술작품을 영업적으로 취급하는 상인의 예에서 보듯이 작품의 점유 그 자체를 기뻐하거나 혹은 자기 자신 또는 타인으로 하여금 예술작품의 심미적인 인상을 야기시키기 위한 목적으로 취득하는 것이 보통의 경우이다. 그런데 소유자가 예술적 취향이 변하였거나, 어떤 이유로 인하여 예술작품에 대해서 싫증이 났다면, 아마도 그는 그 작품을 양도, 판매, 교환, 증여를 통하여 자신이 거주하고 있는 공간으로부터 보이지 않도록 하는 조치를 취할 것이다. 물론 보통의 경우 그 작품을 완전히 파괴할 권리도 부인할 수 없다. 그러나 이 모든 행위를 행함에 있어 현존하고 있는 저작물의 예술적 특성을 침해해서 저작자의 인격권을 침해해서는 안 된다. 또한 자신의 저작물에 관한 소유권을 양도하고 이로 인해 대가를 지불받은 예술가는 처음부터 점유자의 손에 이 모든 운명이 맡겨져 있다는 것을 고려하여야 한다. 피고는 예술가의 저작권과 충돌이 생기지 않도록 하여야 함에도 불구하고, 하지 말아야 할 것을 바로 실행해버렸다. 피고는 자신이 거주하고 있는 건물의 계단집에 그림을 그대로 내버려 두었다. 그 그림을 파괴하지도 않았고, 집 내에서 움직이는 사람들로부터 보이지 않도록 한 게 아니라, 나체로 된 여성의 형상위에 그림으로 옷을 입히는 것으로 덧칠을 가하여 그림의 예술적 특성을 침해하였다. 따라서 피고는 예술가의 저작물을 변경하였고, 소유권이 이전되었음에도 불구하고 존속하고 있는 저작권을 침해하였다."

3) Herbert Beigel, *Urheberrecht des Architekten*, Bauverlag, 1984, Rdnr. 122.

4) 송영식/이상정, 지적재산법 5정판, 세창출판사, 2001, 230면; 송영식외 6인, 628면에서도 소유자가 그림위에 덧칠하는 것을 동일성유지권침해의 한 예로 들고 있다.

였다. 법원/Kammergericht/은 여주인에게 덧칠을 제거하라고 선고하였고, 제국대법원은 상고를 기각하면서 저작권과 저작물의 소유권을 구별하였다. 이러한 법리를 독일연방대법원[5]은 그대로 계승하면서 저작권은 저작물에 대한 소유권과 서로 독립적이며/voneinander/, 독자적으로 병존하고/nebeneinander/ 있다고 판단하고 있다.

그리고 미국의 판례[6]도 저작권은 유형적인 대상에 구현되어 있는 어문, 사진 등의 소유를 포함하지 않는다고 하면서 구체적인 표현과 저작권이 있는 물건과는 관계가 없다고 판시하고 있다.

우리 판례[7]도 이러한 법리를 명백하게 밝히고 있지는 않지만, 유명인이 작성한 편지의 경우 편지'지'에 대한 소유권과 편지'내용'에 대한 저작권은 별개라는 취지의 판결을 내리고 있다.[8]

따라서 작품을 양도받은 경우에는 그 작품에 대한 소유권을 이전받은 것이지 저작권을 양도받은 것은 아니고, 그 작품에 관한 저작권을 양도받았거나 이용허락을 받은 경우에도 그 작품에 관한 소유권을 이전받은 것은 아니다.[9]

본서에서는 지식재산권 중 저작권과 저작물에 관한 소유권과의 관계를 소개하고 그 긴장관계에 관해서 간략히 논의하고자 한다. 한 가지 아쉬운 점은 아직까지 우리나라에서 이에 관한 논의가 충분히 이루어지지 않고 있고 이를 구체적으로 다룬 사례도 적다는 것이다. 따라

5) BGH GRUR 1966, 503-Apfelmadonna; BGH GRUR 1974, 675-Schulerweiterung.

6) U.S. v. Ralph E. Smith, 686 F. 2d 234, 240(5th Cir. 1982);Wildlife Internationale, Inc., v. Clememts, 591 F.Supp. 1542, 1546(S.D. Ohio, 1984).

7) 서울지법 1995. 6. 23. 선고 94카합9230판결, 신영철/성기문, 지식재산권판례집(하권), 대한변리사회, 1997, 2753, 2756면, 참조.

8) 최근 도라산역 벽화사건이라고 불리는 사례가 있다. 이에 관해서는 뒤에서 소개한다. 서울중앙지방법원 2012. 3. 20. 선고 2011가합49085 판결; 서울고등법원 2012. 11. 29. 선고 2012나31842 판결; 대법원 2015. 8. 27. 선고 2012다204587 판결.

9) Bruce P. Keller/Jeffrey P. Cunard, *Copyright Law*, PLI, 2002, § 3:4; BGH GRUR 1971, 481, 483 - Filmverleih.

서 부득이 외국의 판례에 나타난 법리를 중심으로 하되, 우리의 조문과의 관련성 여부를 염두에 두고 살펴보고자 한다.

2. 입법례

우리 저작권법이나 독일저작권법은 저작권과 소유권과의 관계에 대해서 직접적으로는 아무런 언급을 하지 않고 해석을 통하여 법리를 형성하도록 유도하고 있다. 그런데 우리 저작권법은 제13조 제1항에서 “저작자는 그 저작물의 내용, 형식 및 제호의 동일성을 유지할 권리를 가진다”라고 규정하면서, 제2항 제2호에서는 저작물의 본질적인 내용을 해치지 않는 한 건축물의 증축, 개축 그 밖의 변형을 할 수 있도록 하고 있다. 즉 제1항에서는 저작인격권 중 동일성유지권에 관해서 규정하면서도 제2항에서는 건축물의 소유자가 건축물에 대해서 변경을 하더라도 지작자기 이의를 제기할 수 없다고 규정하여 건축주의 소유권을 우선시킴으로써 건축물에 한하여 소유권과 저작권과의 긴장관계를 간접적으로 해결하는 규정을 두고 있다.

그러나 미국저작권법 제202조는 다음과 같이 규정하여 저작권과 소유권과의 관계를 입법적으로 확인하고 있다.

> “저작권 또는 저작권에 근거한 배타적 권리는 당해 저작물이 구현된 소유권과는 구별된다. 저작물이 최초로 고정된 복제물이나 음반을 포함하는 물건의 소유권 양도 자체는 물건에 구현된 저작물에 대한 권리의 양도를 포함하지 아니하며, 저작권 또는 저작권에 근거한 배타적 권리의 양도는 약정이 없는 한 물건에 대한 소유권의 양도를 포함하

지 아니한다."[10]

라고 규정하여 저작권과 저작물의 소유권과의 관계를 확실히 구별하고 있다. 이에 관하여 미하원의 사법위원회보고서[11]에서는 미국 저작권법 제202조에서 재언급된 원칙은 기초적인 것이면서 중요한 사안이라고 하고 있다. 위 보고서는 저작권과 저작물이 구현되어져 있는 유체물을 소유하는 것은 별개라고 하면서 유체물의 양도는 복제물, 음반 등과 같이 저작물이 최초로 구현되어 있는 물건에 관한 저작권 중 어떠한 권리도 이전되지 않는다고 하고 있다. 반대로 저작권을 양도할 경우 유체물의 이전을 반드시 요구하는 것은 아니라고 한다.

스위스저작권법/[Bundesgesetz über das Urheberrecht und verwandte Schutzrechte (Urheberrechtsgesetz, URG) vom 9. Oktober 1992]/ 제15조[12]에는 저작물의 소유자가 원저작물을 파괴하는 것을 제한하는 규정이 있다.

"저작물의 매개체/Werkexemplare/가 더 이상 존재하지 않는 원저작물을 소유하고 있는 자는 저작자의 정당한/권한있는/

---

10) Ownership of copyright as distinct from ownership of material object, ownership of copyright, or of any of the exclusive rights under a copyright, is distinct from ownership of any material objectin in which the work is embodied, transfer of ownership of any material object, including the copy or phonorecord in which the work is first fixed, does not of itself convey any rights in the copyrighted work embodied in the object; nor, in the absence of an agreement, does not transfer of ownership of copyright or any exclusive rughts under a copyright convey property rights in any material object.

11) H.R. Rep. No. 1476, 94th Cong., 2nd Sess.(1976).

12) Art. 15 Schutz vor Zerstörung 1) Müssen Eigentümer und Eigentümeriinnen von Originalwerken, zu denen keine weiteren Werkexemplare bestehen, ein berechtigtes Interesse des Urhebers oder der Urheberin an der Werkerhaltung annehmen, so dürfen sie solche Werke nicht zerstören, ohne dem Urheber oder Urheberin vorher die Rücknahme anzubieten. Sie dürfen dafür nicht mehr als den Materialwert verlangen.
2) Sie müssen dem Urheber oder der Urheberin die Nachbildung des Originalexemplars in angemessener Weise ermöglichen, wenn die Rücknahme nicht möglich ist.
3) Bei Werken der Baukunst hat der Urheber oder Urheberin nur das Recht, das Werk zu fotografieren und auf eigene Kosten Kopien der Pläne herauszuverlangen.

> 이익을 수용하여야 하며, 사전에 저작자에게 되돌려 받을 수 있는 기회를 제공하지 아니하고는 파괴하여서는 아니 되며, 소유자는 이에 대해서 재료 가치 이상을 청구하여서는 아니 된다. 그리고 소유자는 원저작물을 되돌려 주는 것이 불가능할 경우에는 적당한 방법으로 원저작물의 복제를 가능하게 하여야 한다. 다만, 건축저작물인 경우에는 저작권자는 저작물을 사진 찍거나 자기 자신의 비용으로 설계도의 복제물을 요구할 권리만을 가진다."

라고 하여 저작물을 소유한 소유자에게 함부로 저작물을 파괴할 수 없도록 하고 있다.

우리의 경우도 저작권법과 민법의 해석을 통하여 저작권과 저작물의 소유권은 구별된다. 다만, 우리의 경우에는 구체적 사건에서 어떻게 저작권과 저작물의 소유권간의 긴장관계를 해소할 수 있을지 그 해결책을 찾아야 한다는 과제가 남아 있다.

3. 저작권과 저작물소유권의 관계

우리 민법은 저작권과 소유권의 관계에 관해서 직접 언급을 하고 있지는 않지만, 민법 제211조의 '소유권의 내용'에 관한 조항에서 양자의 관계를 간접적으로 추정할 수 있도록 규정하고 있다. 즉 소유자는 「법률」의 범위 내에서 그 소유물을 이용, 수익, 처분할 수 있도록 규정하고 있으므로, 저작물의 소유자는 '저작권법'의 제한 내에서 저작물을 이용, 수익, 처분할 수 있는 권능을 가진다고 할 수 있다. 여기에서 저작물의 소유권은 저작권이라고 하는 한계성을 갖게 된다. 우리 민법

제211조의 규정만 본다면 저작권은 마치 소유권에 대해서 특별한 권리라는 인상이 든다. 그러나 소유자는 법에 금지되지 않은 모든 권리를 행사할 수 있지만, 저작자는 저작권법에서 명시적으로 허용하고 있는 권리만 행할 수 있다.[13] 즉 소유권은 기본적으로 포괄적인 권리이지만, 저작권은 저작인격권과 저작재산권으로 구성되어 있는 권능의 다발이며, 그 권능은 하나씩 문화소비자 내지 문화수요자의 권한으로 옮겨가야하고, 실제로 옮겨간 권리라고 할 수 있다.

그리고 소유권의 대상은 유체물 및 관리할 수 있는 자연력인 물건이지만, 저작권의 대상인 저작물은 인간 정신활동의 소산물인 창작물 그 자체이지, 이 창작내용을 담고 있는 유체물은 아니다.[14] 따라서 어떤 화가가 화폭에 그림을 그렸을 때에는 그 화가는 자신의 그림에 대한 저작권을 취득함과 동시에 그 그림이 그려져 있는 화폭에 대한 소유권을 동시에 취득한다.

저작권법적인 의미의 저작물, 즉 추상적 의미에서의 저작물에 관해서는 점유권이 성립될 수 없다. 왜냐하면 우리 민법 제192조에 의하면 점유권은 '물건'을 사실상 지배하는 것을 그 보호대상으로 하고 있고, 제98조의 물건에 관한 정의조항에서는 "물건이라 함은 유체물 및 전기 기타 관리할 수 있는 자연력"이라고 되어 있고, 제99조에서는 토지 및 그 정착물은 부동산이며, 부동산 이외의 물건은 동산이라고 규정하고 있다. 위의 조항들을 종합하여 볼 때, 저작물은 민법에서 보호하고자 하는 점유권의 대상인 '물건'에 속하지 않기 때문이다. 그러나 예컨대 소설의 내용이 기술된 원고지 그 자체는 물건이므로 점유권의 대상이 된다.

13) Haimo Schack, "Geistiges Eigentum contra Sacheigetum", *GRUR* 1983, S. 57.
14) BGH GRUR - Apfel - Madonna.

이와 달리 저작권은 우리 민법 제210조에 따라 준점유의 대상이 될 수 있다. 우리 민법 제210조에는 "본 장의 규정은 재산권을 사실상 행사하는 경우에 준용한다."고 규정하고 있다. 이 조항에서 말하는 재산권은 채권 또는 지식재산권 등 점유를 수반하지 않는 재산권에 한하여 보호를 하고 있기 때문이다. 그리고 보호받기 위해서는 이 재산권을 사실상 행사하여야 한다. 여기서 사실상 행사한다는 의미는 점유를 수반하지 않는 재산권이 어떤 자의 사실적 지배하에 있다고 인정할 수 있는 객관적 사정이 있어야 한다는 것이다. 이러한 경우에 준점유가 성립하며 따라서 점유에 준한 보호를 받을 수 있는 것이다. 이것이 또한 저작권의 취득시효의 요건이기도 하다. 그리고 독일 저작권법 제25조에서는 저작자에게 저작물작품에 접근할 수 있는 권리/Zugang zu Werkstücken/를 인정하고 있다. 즉 저작자가 저작물을 복제하거나 또는 개작을 위한 이용을 위해서 저작물작품의 '점유자'에게 저작물에 접근할 수 있도록 청구할 수 있다고 규정하고 있다. 그러나 이때에 점유자는 저작물의 원본 또는 복제물을 저작자에게 인도할 의무는 없지만 저작물작품을 변경하거나 파괴해서는 안 된다.

또한 우리 저작권법 제123조는 '침해의 정지 등 청구'에 관해서 규정하고 있다.

> **제123조(침해의 정지 등 청구)** ① 저작권 그 밖에 이 법에 따라 보호되는 권리(제25조·제31조·제75조·제76조·제76조의2·제82조·제83조 및 제83조의2의 규정에 따른 보상을 받을 권리를 제외한다. 이하 이 조에서 같다)를 가진 자는 그 권리를 침해하는 자에 대하여 침해의 정지를 청구할 수 있으며, 그 권리를 침해할 우려가 있는 자에 대하여 침해의 예

방 또는 손해배상의 담보를 청구할 수 있다.

② 저작권 그 밖에 이 법에 따라 보호되는 권리를 가진 자는 제1항의 규정에 따른 청구를 하는 경우에 침해행위에 의하여 만들어진 물건의 폐기나 그 밖의 필요한 조치를 청구할 수 있다.

③ 제1항 및 제2항의 경우 또는 이 법에 따른 형사의 기소가 있는 때에는 법원은 원고 또는 고소인의 신청에 따라 담보를 제공하거나 제공하지 아니하게 하고, 임시로 침해행위의 정지 또는 침해행위로 말미암아 만들어진 물건의 압류 그 밖의 필요한 조치를 명할 수 있다.

④ 제3항의 경우에 저작권 그 밖에 이 법에 따라 보호되는 권리의 침해가 없다는 뜻의 판결이 확정된 때에는 신청자는 그 신청으로 인하여 발생한 손해를 배상하여야 한다.

위의 조문 제1항에서는 침해의 정지와 침해의 예방 또는 손해배상 담보를 청구할 수 있다고 하면서, 제2항에서 제1항의 청구를 하는 경우에 침해행위에 의하여 만들어진 물건의 폐기나 그 밖에 필요한 조치를 청구할 수 있다고 규정하고 있다. 즉 저작권자는 자신의 작품을 위법하게 제작한 상대방에 대해서 물건의 폐기 등을 청구할 수 있는 것이다. 그러나 만약 이 물건이 제3자에게 거래행위를 통하여 양도되었다면 제3자에게는 물건의 폐기 등을 청구할 수 없다.[15] 이는 우리 민법 제249조 선의취득조항에 따라 제3자가 평온, 공연하게 동산/침해행위

15) 허희성, 신저작권법축조개설, 396-397면 참고. 폐기대상인 불법복제물이 이미 거래점에 인도된 경우에는 거래점 자체에 대하여 제1항에 따라 침해예방을 청구함과 동시에 불법복제물의 폐기청구가 가능하다고 한다. 이는 불법복제물이 폐기청구를 받은 거래점에 있어서는 "침해행위로 만들어진 물건"은 아니지만, 침해의 예방 특히 배포권의 침해예방에 필요한 조치로 폐기를 청구할 수 있다고 해석하고 있다.

에 의해 만들어진 물건/을 양수한 경우에 선의이며 과실 없이 그 동산을 점유한 경우에는 양도인이 정당한 소유자가 아닐 때에도 즉시 그 동산의 소유권을 취득하기 때문이다.[16)]

조형예술저작물과 관련하여 독일저작권법에는 추급권/[追及(求)權(Folgerecht)]/[17)]이라는 것이 규정되어 있다. 조형예술저작물이 계속하여 매매가 되고, 이에 예술상이나 경매인이 취득자, 매도인, 중개인으로 관여하면, 매도인은 저작자에게 매도액 중 100분의 5를 지급하여야 하며, 매도액이 100마르크 이하이면 위 의무는 면제되도록 하고 있다. 뒤에서 언급할[18)] 권리소진원칙이 적용되면, 독일저작권법 제17조 제2항에 따라, 저작권자의 배포권이 소진되어 예술가는 자신의 창작물의 배포경과에 관해서 관여할 수 없다. 그러나 예술가가 무명시절 또는 어린 시절에 자신의 원저작물을 헐값에 판매하였는데 후에 유명예술인이 되거나 예술품인 원저작물의 가치가 상당히 상승한 경우, 그 원저작물의 소유자에게 그 가치가 돌아가고 저작자나 그 상속인에게는 혜택이 돌아가지 않는다는 것은 정의감에 반한다고 할 수 있다. 예술가가 자신의 저작물 전체의 가치가 상승한 것에 의해 간접적으로 이익을 얻는 것으로는 결코 충분한 위로를 받지 못한다. 일반적인 저작자의 경우 저작물의 복제물이 판매가 많이 되면 될 수록 자신의 이익배당이 많아지는 것처럼, 원저작물의 가치 상승에 따른 이익은 당연히 조형예술저

16) 그러나 지식재산「권」분야에서는 선의취득문제가 발생하지 않음을 유의하여야 한다. 일상생활에서 가장 빈번하게 이용하는 상표에 대해서도 선의취득을 통한 상표권이 발생하지 않음을 유의하여야 한다. 독일 판례도 물권법에서 알고 있는 선의취득은 저작권법상의 권능취득에서는 적용되지 않는다고 하고 있다. BGH GRUR 1952, 530, 531. 참고.

17) 이 권리를 황적인/정순희/최현호, 저작권법, 278면과 송영식/이상정, 저작권법개설 156면에서는 추구권이라고 번역하고 있으며, 저작권조정심의위원회에서 출간한 독일·일본저작권법(박익환 번역)에서는 추급권이라고 번역하고 있다. 이 권리를 최초로 인정한 나라는 프랑스이다. 문학과 예술저작물보호에 관한 베른조약 제14조3 참조. 베른협약상의 추구권에 관한 설명은 허희성, 베른협약축조개설, 151-154면.

18) 후술하는 4의 (2) 참조.

작권자에게도 돌아가야 한다는 것이 이 조문의 취지라고 할 수 있다.[19] 소설가나 작곡가와 같은 경우에는 복제물의 판매에 따른 수익이 보장되지만, 조형예술의 경우에는 원저작물의 가치상승 밖에 기대할 수 없으므로 원저작물이 판매, 경매 등의 방법으로 유통되어 소유자가 변경되더라도 계속해서 저작물가치의 상승분에 참여시키기 위함이다.[20]

4. 저작물의 시효취득

저작물이 구체화되어 있는 저작물의 매개체, 예를 들어 도화지, 논문이 작성된 원고지, 소설이 기술된 원고, 편지지 등은 저작물이 화체되어 있는 유체물이다. 즉 저작물을 담고 있는 매개체이다. 이 매개체에 관해서는 민법의 규정이 적용된다.

하지만, 이러한 저작물의 매개체에 대한 권리는 앞서 언급한 대로 민법의 물건에 해당되며, 민법의 규정적용을 받고 이 저작물의 매개체에 대해서도 일정한 요건을 갖추면 시효취득의 대상이 된다. 저작물의 매개체가 동산인 경우에는 민법 제246조가 적용되며, 저작물의 매개체가 부동산인 경우에는 제245조가 적용되며 이 규정들에 따른 요건들을 갖추면 이에 따른 소유권을 시효취득하게 된다. 이러한 경우 시효취득의 대상이 되는 것, 즉 시효의 완성으로 인하여 취득하는 것은 저작물의 매개체에 대한 소유권이지 저작물에 대한 저작권은 아니다.

저작물이 구현되어 있는 작품이 동산일 경우에는 그 작품을 10년간 소유의 의사로 평온, 공연하게 점유하게 되면 소유권을 취득하며/우

19) Marcel Schulze, Entwurf eines Gesetzes über Urheberrecht und verwandte Schutzrechte der Bundesregierung vom 23. März 1962(BT-Drucksache), in *Materialien zum Urheberrechtsgesetz*(Band I), 2. Aufl., Wiley-VCH-Rechtstexte, S. 450 ff.

20) Rehbinder, a.a.O., Rdnr. 421; Schack, a.a.O., Rdnr. 497f.

리 민법 제246조/, 저작물이 구현되어 있는 저작물이 부동산인 경우에는 20년간 소유의 의사로 평온, 공연하게 부동산을 점유하는 자가 등기함으로써 소유권을 취득하도록 하고 있다/우리 민법 제245조/. 여기서 소유권 이외의 재산권인 저작권도 시효취득을 할 수 있는가가 문제된다. 우리 민법 제248조에서는 소유권에 관한 취득시효를 소유권 이외의 재산권 취득에 준용하도록 하고 있다. 취득시효의 대상이 되는 소유권 이외의 재산권에는 지상권, 지역권/계속되고 표현된 경우 민법 제294조/, 전세권, 질권, 어업권, 광업권, 지식재산권 등이 있다. 이러한 경우에도 등기를 요하는 재산권인 경우에는 제245조의 부동산소유권의 취득시효에 관한 규정이, 등기를 요하지 않는 재산권인 경우에는 제246조의 동산취득시효에 관한 규정이 준용될 것이다. 그 결과 재산권의 성질이 무엇이냐에 따라 등기와 같은 공시방법의 여부가 정해지고, 선의, 무과실의 여부에 따라 취득시효기간이 정해질 것이다. 일반적으로 재산권의 시효취득에는 '점유'를 요한다.[21] 그러나 물건의 소지를 내용으로 하지 않는 권리인 지식재산권인 저작권에는 '준점유상태'가 계속되어야 한다. 준점유의 상태가 계속되어야 한다는 것은 재산권, 즉 저작권을 사실상 행사하여야 한다는 것이다. 즉 점유를 수반하지 않는 재산권이 어떤 자의 사실적 지배하에 있다는 객관적 사정이 있어야 한다.[22] 예를 들면 어떤 조각품/동산/을 10년간 소유의 의사로 평온, 공연하게 자기의 창고에 보관한 자는 조각품에 대한 소유권을 취득하나, 위 조각품에 관한 저작권은 취득하지 못한다. 그러나 위 조각품에 대한 점유를 계속하면서 저작자로서의 권리인 저작재산권 즉 복제권, 전시권 등을 사실상 10년간 행사하였다면 저작재산권도 시효취득하게 된다.

21) 대표적인 경우가 판례를 통하여 인정된 분묘기지권이다.
22) 대법원 1985. 12. 24. 선고 85다카880판결.

5. 저작권과 소멸시효

일반적으로 이야기하자면 저작권 그 자체는 일종의 절대권으로서 소멸시효에 걸리지 않는다.[23] 저작권으로부터 발생한 청구권만이 소멸시효의 대상이 될 뿐이다. 따라서 우리나라 저작권법에도 소멸시효에 관한 규정은 존재하지 않는다. 즉 저작권 자체의 소멸시효에 관한 문제는 발생하지 않는다.[24] 비록 우리 민법 제162조 제2항에 "채권 및 소유권 이외의 재산권은 20년간 행사하지 아니하면 소멸시효가 완성한다"라고 규정하고 있다고 하더라도 저작권의 불행사라는 것은 존재하기 힘들다.

그런데 우리 저작권법 제49조에는 저작재산권의 소멸에 관한 규정을 두고 있다.

> **제49조(저작재산권의 소멸)** 저작재산권이 다음 각 호의 어느 하나에 해당하는 경우에는 소멸한다.
> 1. 저작재산권자가 상속인 없이 사망한 경우에 그 권리가 「민법」 그 밖의 법률의 규정에 따라 국가에 귀속되는 경우
> 2. 저작재산권자인 법인 또는 단체가 해산되어 그 권리가 「민법」 그 밖의 법률의 규정에 따라 국가에 귀속되는 경우

이 규정을 둔 이유는 저작물에 관한 저작재산권의 주체가 없는 경우에 이를 국가에 귀속시켜 국가가 권리의 주체가 되기보다, 이를 공유재산으로 하여 누구나 이용하게 하는 것이 오히려 문화적으로 더 바

23) Schricker/Wild, a.a.O., §102, Rdnr. 2.
24) 이해완, 전게서, §13-107.

람직하기 때문에 때문이다.[25] 그리고 저작재산권의 보호기간이 도과한 경우에도 저작재산권은 소멸한다.

25) 이해완, 전게서, §13-105.

권리소진

제5장

1. 권리소진의 의미

1) 권리소진의 의의

우리 저작권법 제20조에는 본문에는 저작재산권자의 배포권을 규정하고 있으며 단서에서는 권리소진원칙에 대해서 규정하고 있다.

> **제20조(배포권)** 저작자는 저작물의 원본이나 그 복제물을 배포할 권리를 가진다. 다만, 저작물의 원본이나 그 복제물이 해당 저작재산권자의 허락을 받아 판매 등의 방법으로 거래에 제공된 경우에는 그러하지 아니하다.

그리고 제21조에서는 대여권을 규정하고 있다.

> **제21조(대여권)** 제20조 단서에도 불구하고 저작자는 판매용 음반이나 판매용 프로그램을 영리를 목적으로 대여할 권리를 가진다.

제20조의 단서는 권리소진원칙[1)]을 규정하고 있는 것이고, 제21조

에서는 권리소진에 대한 예외를 또 규정하고 있다.[2] 간단한 규정으로 보이는 이 조문의 내용은 저작권 중 배포권의 소진에 관한 역사가 함축된 법리를 나타내고 있다. 제20조 단서에서는 권리소진이론의 요건에 관해서 그 동안 형성된 법리를, 제21조에서는 경제활동의 변화와 창작의 기술의 변화에 따라 권리소진이론을 그대로 적용할 경우에 나타날 수 있는 창작자의 창작의욕의 파탄 내지 경제적 손실을 방지하고자 하는 노력의 결과물인 '판매용 음반과 판매용 프로그램에 대한 대여권'을 규정하고 있다. 과거 컴퓨터프로그램에 대해서는 컴퓨터프로그램보호법 제19조에서 동일한 내용으로 규정하고 있었다. 우리 저작권법에도 명시적으로 규정되어 있는 이 권리소진이론은 지식재산권, 저작권의 역동성을 나타내주고 있는 대표적 분야라고 할 수 있다.

본장에서는 저작권법 제20조에 나타난 문언의 의미를 밝히는 것을 목적으로 하고 있다. 우리의 지식재산권, 특히 저작권운용의 분야는

1) 본 논문에서는 권리소진이라는 용어를 최초판매이론(first sale doctrine) 또는 첫판매 이론과 동일한 의미로 이용하기로 한다. 최초판매이론은 미국에서 주로 이용하는 용어지만 그 내용에 있어서는 권리소진의 그것과 동일하다. 그래서 미국의 이론에 관하여 작성할 경우에는 최초판매이론이라는 용어를 이용하고 그 외의 지역에 관하여 논의할 경우에는 권리소진, 권리소진이론(원칙), 소진이라는 용어를 이용하기로 한다. 미국에서도 관용적으로 이용되고 있는 '최초판매(first sale)'라는 용어에 대해서 현재의 미국저작권법에 엄격하게 비추어 보면 이 용어는 부적절하다는 의견도 있다. 오히려 미국의 1976년 현행 저작권법 아래에서는 권리의 소진(exhaustion of rights)이라는 표현이 더 적절하다고 보는 견해도 있다. 즉 1909년의 미국저작권법에서는 "sale"이라는 표현을 이용하였지만 현행법에서는 이 표현을 이용하고 있지 않고, 단지 "ownership"을 요구할 뿐이며 최초판매가 미국저작권법 제106조 제3항의 배포권(distribution right)을 소진시키지만 현행법의 어떤 곳에서도 "sale"을 요건으로 하지 않는다는 것을 이유로 내세우고 있다. Darren E. Donnelly, "Parallel Trade and international harmonization of the exhaustion of rights doctrine," *Santa Clara Computer and High Technology Law Journal*, May, 1997. Footnote 86. 다른 이는 '최초판매'보다 더 좋은 표현은 '소유권의 최초이전론(the first transfer of ownership doctrine)'이라고 한다. John M. Kernochan, "The distribution right in the United States of America: Review and Reflections," *Vanderbilt Law Review*, October, 1989, p.1411. 여하튼 여기서는 최초판매이론과 권리소진이론을 동일한 의미로 이해하고 이용하고자 한다. 최초판매이론은 행위에 중점을 두고서 규정되어 있지만, 권리소진은 법률효과에 중점을 둔 표현이라고 할 수 있다. 한편 우리나라의 경우에는 권리의 소진이라는 용어 대신에 消耗, 消滅, 用盡이라는 단어를 이용하는 경우도 있다. 송영식외 6인, 전게서, 651면; 오승종, 전게서, 490면에서는 권리소진이라는 용어를 이용하고 있다.

2) 오승종, 전게서, 501면; 송영식외 6인, 전게서, 651면.

빠르게 발전하고 있고 역동적이기는 하지만 구체적 분쟁을 두고 심각한 고민을 하였다고 보기에는 아직 역사가 짧다. 따라서 그 해석과 적용에 있어서 다소의 어려움이 있는 관계로, 제20조를 설명함에 있어 우리 저작권법의 규정의 운용과 해석에 모범이 되는 독일의 해석론과 판례를 중심으로 살펴보고자 한다. 또한 현재 최대의 지식재산권국가라고 할 수 있는 미국의 법제는 어떤 형태로 되어 있는지를 참고하고자 한다.[3)]

2. 권리소진이론의 연혁과 형성

앞서 언급한 대로 외국에서의 권리소진이론의 형성을 먼저 살펴본다.

1) 독일

(1) 최초의 판례

'왕의 요리책/Koenigs Kursbuch/'이라는 유행어로 유명한 사건[4)]에서, 출판사는 베를린의 백화점에게 자신의 배포권에 근거하여 자신이 확정한 가격 이하로 책을 판매하는 것을 금지하는 청구를 하였다. 그러나 독일제국법원은 저작물이 공중에게 판매되었고 거래에 제공되었으므로 이를 통하여 이미 영업에 적합한 배포권을 행사하였다는 이유로 이 청구를 기각하였다. 저작권자나 출판사가 저작물을 한 번이라도 공중

3) 권리소진이론 이해의 전 단계는 저작권과 소유권의 구별과 양 권리 사이의 긴장관계를 이해하는 것이다. 이는 특히 현대사회의 컴퓨터프로그램과 관련하여 중요한 의미를 가진다.

4) RGZ 63, 394-Koenigs Kursbuch.

에게 판매하였거나 거래에 제공하였다면 자신의 권리를 행사한 것이고, 이로써 자신의 권리는 소진한다는 것이다.

(2) 이론 전개

이러한 판례의 전통을 이어받아 독일저작권법 제17조 제2항[5]은 소위 배포권의 소진을 다루고 있다. 독일저작권법 제17조 제1항의 배포권은 제2항에 규정되어 있는 권리소진원칙에서 자신의 한계점을 발견하게 된다. 이미 위에서 소개하였다시피 독일제국법원은 1906년도에 저작권자 스스로 또는 권리 있는 다른 사람이 저작물을 거래에 제공하여 제3자가 소유권을 취득하였다면, 저작권자의 저작물에 대한 배타적 권리는 소진한다고 결정하였다. 즉 계속되는 양도는 더 이상 방해될 수 없다는 것이다.[6] 독일의 판례와 학설은 이 원칙을 지속적으로 발전시켜 왔고,[7] 종국적으로 이 원칙은 제17조 제2항으로 법문화되었다. 이하에서는 독일에서 권리소진이론이 어떻게 입법화 과정을 밟아 왔는지를 알아보고자 한다.

현재 독일저작권법의 모태라고 할 수 있는 것은 1965년 제정에 가까운 형태로 만든 저작권법이다. 그 이전에는 LUG(Gesetz betreffend das Urheber recht an Werken der Literatur und der Tonkunst vom 19. Juni 1901)와 KUG(Gesetz betreffend das Urheberrecht an Werken der bildenden Künste und der Photographie vom 9. Januar 1907)로 나누어

5) §17(2) 저작물의 원본 또는 복제물이 배포를 위한 권리자의 동의를 얻어 유럽동맹의 지역이나 유럽경제지역에 관한 다른 체약국 지역에서 판매의 방법으로 거래하도록 되었다면 당해 저작물을 계속하여 배포하는 것은 허용되는바, 대여는 예외이다. 박익환 역, 『독일·일본저작권법』, 저작권심의조정위원회, 1998, 25면 참조. 여기서 Veraüßerung을 '판매'로 번역하고 있으나, '양도'라고 번역하는 것이 옳다고 판단된다. 구체적인 것은 이하의 Ⅲ의 2 참조.

6) RGZ 63, 394, 399-Koenigs Kursbuch.

7) Vera Movsessian/Fedor Seifert, *Einführung in das Urheberrecht der Musik*, 2. Aufl., Florian Noetzel, S.158.

저작권에 관한 내용을 담고 있었다. 1965년 저작권법은 1962년 3월 23일의 저작권법개정안/[Entwurf eines Gesetzes uber Urheberrecht und verwandte Schutzrechte(Urheberrechtsgesetz) der Bundesregierung vom 23. März 1962(BT-Drucksache IV/270)]/을 기초로 만들어졌다. 이 개정안의 제17조 제1항에서 현재와 같은 배포권에 관한 규정을 두었고 제2항에서는 현재 권리소진이론의 원형이라고 할 수 있는 규정을 삽입하였다.

> "저작물의 원본 또는 복제물이 이 법의 효력이 미치는 지역 내에서 배포권자의 동의를 받아 양도의 방법으로 거래에 제공된 경우에 계속되는 배포는 적법하다"

개정안의 입법이유서에서는 이 부분에 대한 설명을 다음과 같이 하고 있다.

> "저작권자에게 유보된 배타적 권리인 배포권은 자신의 저작물의 복제물이 적법하게 거래에 제공되어 상거래가 이루어지는 것을 보장해 주는 것은 아니다. 지배적인 견해는 제2항에 따라 이 법의 효력에 미치는 범위 내에서 권리자가 배포에 동의하고 양도의 방법으로 거래에 제공된 경우 그 복제물이 계속하여 배포되는 것은 저작권자의 허락 없이도 적법하고 유효하다고 해석하고 있다. 다만 저작물의 매개체가 '양도의 방법'으로 적법하게 거래에 제공된 경우에만 이 규정에 따라 배포권이 소진한다. 단순히 대여되거나 공공대출된 저작물에 대한 배포권은 완전하게 성립한다. 이러한 것은 저작권자가 저작물의 행방에 관하여 통

제권을 유지하려고 인식하고 있었다는 점에서 정당한 것으로 보인다. 그러나 개정안은 일정한 경우 배포권이 소진된 후에도 저작물에 관한 저작권자의 권리를 규정하고 있다. 즉 제26조에서 추급권, 즉 조형예술품이 판매가 계속되는 경우 그 수익에 참여하는 권리와 제27조에서 복제물이 대여되는 경우에 보상청구권을 인정한 것이다."[8]

그 이후로는 큰 변화가 없었으나 1992년도에 저작권법의 두 번째 개정안/[Entwurf eines Zweiten Gesetzes zur Änderung des Urheberrechtsgesetzes der Bundesregierung vom 18. Dezember 1992(BT-Drucksache 12/4022)]/을 통하여 컴퓨터프로그램과 관련한 조항들이 삽입되었다. 이 개정안의 목적은 컴퓨터프로그램보호에 관한 유럽입법지침/Richtlinie 91/250/EWG des Rates der Eüropaischen Gemeinschaften vom 14. Mai 1991 uber den Rechtsschutz von Computerprogrammen/을 독일법에 이식시키는 것인데, 이러한 이식은 유럽연합/European Union, EU/회원국에게는 강제적이었다.

이 개정안에서는 독일에서 이미 저작권법으로 보호하고 있는 컴퓨터프로그램보호를 내용적으로 정확히 표현하고 유럽의 입법지침에 부합되게 하기 위하여, 제8장에 『컴퓨터프로그램 특별규정』을 삽입하였다. 이 지침의 규범적인 규정들은 이 지침의 체계를 이루고 있다. 이 개정안을 통하여 컴퓨터프로그램의 배포권과 권리소진이론에 관한 규정은 제69조의 c 제3항으로 삽입되었다.

이 조항의 제2문은 권리소진이론을 규정하고 있던 독일저작권법 제17조 제2항 유럽사법재판소의 유럽공동체에서 배포권[9]의 소진에 관

---

8) Marcel Schulze, Materialien zum Urheberrechtsgesetz(Band 1.), 2.Aufl., Wiley-VCH-Rechtstexte, S.441.
9) EuGH GRUR Int., 1982, 372, 377-Polydor/Harlequin.

한 판결[10]과 일치시키기 위한 것이다.[11]

그리고 1994년 유럽의회의 대여권와 대출권에 관한 지침/der Richtlinie 92/100/EWG des Rates vom 19. November 1992 zum Vermietrecht und Verleihrecht/에 따라 독일저작권법은 다시 개정의 절차/[Entwurf eines Dritten Gesetzes zur Änderung des Urheberrechtsgesetzes der Bundesregierung vom 23. September 1994(BR-Drucksache 876/94)]/를 밟게 된다. 이 개정안에서는 저작권법상 보호받고 있는 모든 객체에 대한 대여권을 저작권자와 저작인접권자에게 배포권의 한 부분으로 수여하고 있다. 그리고 대여권을 배타적 권리인 금지청구권/Verbotsrecht/으로 인정하고 있다. 또한 저작권자나 음반제작자, 영화제작자, 실연자에게 대여권을 승인할 때 대여자가 행한 대여에 대한 적당한 보상청구권을 포기하지 못하도록 하고 있다.

독일저작권법 제17조와 관련하여 제1항은 보충의 여지가 없다고 판단하면서 위 지침을 통하여 통일된 '배타적 대여권'은 저작권자가 동의하여 원본이나 복제물이 양도된 후에도 계속하여 존재한다는 데 본질적 기능이 있다고 본다. 저작권자가 유효한 권리를 가지고 취득자 또는 점유자에게 대여할 것인지 말 것인지를 정할 수 있다는 것이다. 이 점에 새로운 대여권의 경제적 핵심이 있다고 한다. 지금까지의 제17조에 따르면 저작권자가 동의하여 저작물이 거래에 제공된 경우에는 대여권 전체가 소진되고 이를 소진원칙이라고 하는데, 이 경우 취득자가 취득한 원본 또는 복제물을 대여하는 것은 저작권법에 의해 방해를 받지 않았다.

그러나 지침 제1조 제4항을 독일 국내입법으로 전환함에 따라 소진원칙은 개정되었다. 즉 제17조 제2항에 '대여를 예외로 하고/mit

---

10) EuGH GRUR Int., 1981, 229, 231-Gebuhrendifferenz II.
11) Schulze, a.a.O., S.842.

Ausnahme der Vermietung/'라는 문구를 삽입하는 형태로 개정이 이루어졌다. 이에 반하여 대출과 관련하여서는 배포권의 소진원칙에 대한 예외를 구성하지 않는다고 본다. 그 이유는 지금까지의 권리상태를 그대로 내버려두기로 결정하였기 때문이다.

그리고 제3항을 새로 규정하면서 대여의 개념에 관해서 정의를 내리고 있다. 지침 제1조 제2항에 따르면 대여는 "직접적이든 간접적이든 경제적으로 또는 상업적으로 이용하기 위하여 인도하는 것"이라고 규정하고 있다. 이러한 지침의 정신을 제17조 제4항 제1문에서 '직접적이든 간접적이든 영업목적에 기여하는/unmittelbar oder mittelbar Erwerbszwecken dienende/'이라는 문구로 바꾸어 국내입법으로 이식한 것이다.[12] 제17조의 개정을 통하여 제안된 배타적 대여권을 배포권에 포함되는 새로운 배타적 권리로 인정하면서 배포권의 원소지자들 예컨대 저작권자, 실연가, 음반제작자, 영화 제작자에게 수여하는 것은 지침 제2조 제1항을 만족시키는 것임과 동시에 TRIPs협정 제11조 제1문과 제14조 제4항 제1문의 요구를 충족시키는 것이다. 이 외에도 이 규정은 저작인접권자들에게도 도움이 된다고 본다.[13]

독일연방대법원[14]은 구체적인 사례에 소진원칙을 적용하면서 다음과 같이 공식화하여 표현하고 있다.

"권리소지자가 법이 자신에게 허락한 배타적 이용권을
자신의 이용행위를 통하여 이용하고 이로 인하여 소모하

12) Schulze, a.a.O., S.904f.

13) a.a.O., S.908.

14) BGH GRUR 1988, 373, 374-Schallplattenimport III;BGH GRUR 1988, 206,

였다면, 계속되는 특정한 이용행위는 더 이상 보호를 받지 못한다(der Rechtsinhaber durch eigene Benutzungshandlungen das ihm vom Gesetz eingeräumte ausschließliche Verwertungsrecht ausgenutzt und damit verbraucht hat, so daß bestimmte weitere Verwertungshandlungen nicht mehr vom Schutzrecht erfaßt werden)."

독일의 경우 이러한 소진원칙은 음반제작자의 배포권에도 적용된다.[15] 그러나 배포권을 넘어서 다른 저작재산권에도 적용되는 '일반적인 소진원칙'은 존재하지 않는다.

독일저작권법 제17조의 권리소진의 요건을 충족시키기 위해서는 거래 제공이 공간적으로 유럽공동체 또는 유럽경제공동체 체약국의 영역 내에서 이루어져야 한다. 이러한 법칙은 유럽사법재판소에 의해서 발전된 공동체권리소진이론을 독일의 입법자들이 염두에 두었기 때문이다. 그리고 거래의 장소와 제조의 장소가 반드시 일치할 필요는 없다.[16]

2) 미국

초기의 미국저작권법에는 최초판매이론을 담고 있지 않았다. 그러나 1908년도의 Bobbs Merrill Co.사건[17] 이후로 최초판매이론을 인식하기 시작하였다. Bobbs Merrill Co.사건에서 출판업자인 Bobbs Merrill은

15) BGH GRUR 1985, 924, 925-Schallplattenimport Ⅱ.
16) BGH GRUR Int. 1981, 362, 364-Schallplattenimport.
17) Bobbs Merrill Co. v. Straus, 210 U.S. 339(1908).

The Cast away라는 책을 도매상에게 판매하면서 각 책에다 다음과 같은 문구를 넣었다.

> "이 책의 소매가는 1달러이다. 어떠한 서점도 1달러 이하로 판매해서는 안되고 만약 1달러 이하로 판매한다면 이는 저작권침해로 간주될 것이다(Price of this book at retail is $1 net. No dealer is licensed to sell it at a less price, and a sale at a less price will be treated as an infringement of the copyright).
>
> The Bobbs - Merrill Company."

피고 Macy는 도매상으로부터 복제물을 구입하였고, 그 책들을 1달러 이하로 판매하였다. 이에 대해 Bobbs Merrill은 Macy를 상대로 저작권침해를 이유로 소송을 제기하였다. 소송 제기의 근거로는 저작권침해를 들었고, 계약위반은 주장하지 않았다. 미연방대법원은 저작권자의 복제하고 판매할 수 있는 저작권은 침해당하지 않았다고 하면서 다음과 같이 판시[18]하였다.

> "저작권법은 저작권자가 자신의 저작물을 복제하고 판매하는 권리를 보호하고 있지만, 당사자관계가 없는 미래의 구매자에게 소매가로 도서를 판매하여야 한다는 제한적 문구를 둘 수 있는 권리를 창설하지 않는다. 이러한 결론은 법문의 관점에서 보더라도 내릴 수 있는 것이고, 저작물을 복제할 수 있는 권리를 보호하고자 하는 주요목적

18) 210 U.S. 350, 351.

에 비추어 보더라도 이러한 결론은 간파될 수 있는 것이다. 실제로 법은 복제물을 만들 수 있는 권리를 효과적으로 보장하고 있고, 복제물을 판매할 독점적 권리를 보호한다. 이 사건에서 저작권자는 다량의 도서복제물을 만족한 가격으로 판매하였다. 그것은 판매할 권리를 행사한 것이다. 이 사건에서 원고가 주장하는 것은 복제물을 판매할 권리뿐만 아니라, 구매자가 고정된 가격으로 팔지 않을 경우에 처리할 목적으로 작성한 고지문을 이유로 침해자에 대해서 성문법상의 구제수단을 예약해 놓아 미래구매자의 자격을 제한하는 권리도 포함한다는 것이다. 배타적인 판매권에 특정가격으로만 판매가 행하여져야 한다는 고지문을 넣어 미래의 모든 소매 판매를 통제할 권리를 더하여 주는 것은 법문에 포함되어 있지 않은 권리를 수여하는 것이고, 입법시에 입법자의 의도를 확인하여 보더라도 구조적으로 법문의 의미를 확장하는 작용을 한다."

이렇게 소박한 형태로 시작된 최초판매이론은 미국의 저작권법의 역사를 전체적으로 관찰하면 '대항책/항변/'으로 인정을 받았다. 1909년 저작권법 이전에 법원은 위에서 소개한 Bobbs-Merill 사건에서 판시하였다시피, 일단 저작물이 상대방에게 판매된 경우에는 저작권자의 저작물을 판매할 권리에는 구매자가 재판매 시 가격을 제한할 권리까지 포함되어 있지 않다고 보았다. 1909년 저작권법 아래에서도 법원은 계속하여 최초판매이론을 유지하였다. 즉 저작권자에게 자신의 저작물을 판매할 배타적 권리를 수여하지만, 그 저작물이 일단 판매되거나 처분된 경우에는 더 이상 판매할 권리를 허락하지 않는다고 규정하였다.[19]

마찬가지로 1976년 저작권법에서도 최초판매이론을 저작권침해에 대한 방어책으로 이용하는 것을 인정하고 있다. 법원은 1976년 저작권법의 최초판매이론을 저작권자가 거래의 흐름 속에 놓여있는 저작물을 통제할 수 있는 능력을 소진시키는 것/extinguish the copyright holder's ability to control the course of copies placed in the stream of commerce/이라고 해석하였다.[20)]

의회도 입법을 통해서 독점권을 제한할 필요성을 명백하게 인식했다. 따라서 저작권법 제109조에 최초판매이론을 입법화하였다. 이러한 제한의 근거로서 저작권자는 최초판매 시에 자신이 행한 처분에 대해서 이미 보상을 받았다고 보았다. 그러나 최초판매이론이 레코드와 컴퓨터소프트웨어에 적용되면서 부적절한 현상이 나타났다.

우선 레코드에 관하여 살펴보면 1984년 이전에 미국에는 약 200여개의 레코드 대여점이 있었다. 그런데 한 대여점에서 "절대로 레코드를 구입하지 마시오/Never, ever buy another record/"라는 문구를 이용하는 광고를 할 정도로 대여산업이 번창하였고, 이러한 현상은 레코드 산업을 심각하게 위협하였다. 따라서 의회는 1984년 레코드 대여법을 개정하였고, 최초판매이론에 대해서 수정을 가하였다. 즉 미국 저작권법 제109조 (b)(1)(a)에서 사운드레코드나 레코드판의 소유자는 대여, 리스 또는 대출의 성질을 가지는 것을 행할 수 없다/in the case of sound recordings, the owner of a phonerecord cannot rent, lease or do anything in the nature of rental, leasing or lending/고 규정하였다. 1990년에 의회는 이러한 대여법의 기조정신을 소프트웨어의 대여에도 적용하였다. 1980년대를 지나는 동안 컴퓨터 소프트웨어의 대여가격은 컴퓨터 소프트웨어 판매가격보다 훨씬 싼 편이었다. 게다가 대여기간이 일반적으로 단기간이었고 경제적으로 소프트웨

19) Nannette Diacovo, "Going once, going twice, sold: the first sale doctrine defence in right of publicity actions," *University of Miami Entertainment and Sports law Review*, Fall 1994/Spring 1995, p.62f.

20) Sebastian International, Inc. v. Consumer Contacts, 847 F. 2d 1093(3d Cir. 1988).

어 창작자에게 보상을 해주는 것도 아니었다. 이러한 소프트웨어의 단기간의 낮은 대여가격은 소비자들로 하여금 소프트웨어를 구매하는 것보다 대여 받는 것을 조장하게 되었다. 이러한 현상은 곧 저작권자인 컴퓨터 소프트웨어회사가 자신이 행한 투자회수를 방해받는다는 것이고, 이러한 방해는 곧 새로운 제품을 창작할 의욕을 상실케 하여 새로운 제품을 창작할 동기를 박탈시킨다. 또한 소프트웨어 기술발전을 방해하고 이로 인하여 사회적으로 유용한 정보는 대중에게 전달되지 않는다. 이렇게 되면 결국 사회는 새롭게 혁신적으로 발전된 제품들을 만나지 못하게 되어 사회 전체적으로 손해가 발생한다. 따라서 소프트웨어의 최초판매이론에 대한 개정은 컴퓨터를 작동하게 하고 정보화 사회의 연료를 공급하는 소프트웨어의 계속적인 발전을 촉진시키기 위하여 이루어졌다. 이러한 제안은 개인의 권리와 사회성장에 유용한 정보를 획득할 수 있다는 사회 집단적 권리 중에서 후자가 더 설득력이 있다고 판단한 것이다.

이에 의회는 1990년도에 'Computer Software Rental Amendment Act of 1990'을 제정하여 미 저작권법 제109조 (b)를 개정하여 컴퓨터소프트웨어의 대여에 관한 규정을 두었다.[21] 그리고 1998년도에는 미국이 서명한 세계지식재산기구설립협약/Convention Establishing the World Intellectual Property Organization/을 이행하기 위하여 10월 28일 디지털밀레니엄저작권법/The Digital Millennium Copyright Act of 1998, 이하에서는 DMCA/을 제정하였다/공법 105-304 112 법령 제2860호/. DMCA 제104조는 저작권의 등록과, 미상무부 정보통신 차관보/Assistant Secretary for Communications and Information of the Department of Commerce/가 이 법 제1절에 의한 개정의 영향을 평가하기 위한 보고서를 늦어도 24개월 안에 의회에 제출해야하는 것과, 미국법/United States

21) http://e2e.marymount.edu/rentalagree.htm.

Code/ 제17편의 제109조, 제117조의 효력에 관한 관련기술과 전자상거래의 발전, 현재 그리고 최근의 기술과 이들 조항과의 관계에 대해 규정하고 있다. 이 연방관보 고시/Federal Register Notice/는 이러한 문제들에 이익을 가지는 당사자들로부터 의견을 제출받기 위하여 공표되었다.[22)]

DMCA 제1절의 목적은 전자적 형태로 이루어진 저작물을 강하게 보호하기 위해 1996년에 체결된 세계지식재산권협약을 준수하기 위해 미국법을 개정하려는 것이었다. DMCA는 미국저작권법에 의해 보호받는 저작물에의 접근을 효과적으로 통제하는 기술수단을 회피하기 위한 행위를 금지하기 위해 제정되었다. 즉 허가를 받지 않고 행한 저작권에 의해 보호되는 저작물의 복제행위, 또는 저작물에의 접근을 효과적으로 통제하는 기술을 회피하기 위해 고안되거나 생산된 일정한 기술, 생산품, 서비스, 장치, 구성부분 또는 부품을 제조, 수입, 공공에 제공하거나 또는 그 이외의 방법으로 매매하거나 제공하는 것은 상업적으로 중요한 목적이거나 그런 기술수단을 회피하기 위한 목적이 아닌 경우에도 금지한다. 게다가 DMCA는 이러한 행위들이 저작권 침해를 숨기거나 조장하거나, 이러한 행위들을 가능하게 하거나 야기시키기 위한 의도로 행하여지는 것 그리고 국제적 전송 또는 저작권처분의 변경, 잘못된 저작권 정보처분을 고의적으로 추가하는 것을 금지한다. 개별적인 이러한 금지는 수많은 법령의 예외에 해당된다.

미국 저작권법 제109조는 특별한 복제물 또는 레코드의 소유자가 제106조 제3항의 저작권자의 배타적인 배포권에도 불구하고 저작권자의 승인 없이 그러한 복제물이나 레코드 소유권의 처분을 허용한다. '최초판매이론'에서 보통 언급되는 이 규정은 헌책의 판매와 같은 행위를 허용한다. 그러나 최초판매이론은 저작권자가 컴퓨터프로그램과 음

22) Federal Register, 2000. 6. 5.(Volume 65, Number 108), p.35673.

반의 권리 없는 상업적 대여를 금지한다는 예외를 허용하여야 한다.

미국저작권법 제117조는 기계와 관련된 프로그램 이용의 본질적 단계로서 컴퓨터프로그램 저작권자가 복사물을 만들거나 기록목적의 프로그램 변개/adaption/를 하는 것을 허용하고 있다. 게다가 DMCA의 제3절에 포함된 개정에 따른 제117조는 만약 그 복제물이 그 기계를 수선하거나 유지할 목적으로 컴퓨터프로그램의 허가된 복제물에 합법적으로 포함된 기계의 활성화 효능에 의해서만 만들어진다면 기계의 임차인이나 소유자가 컴퓨터프로그램의 임시복사본을 만드는 것을 허용하고 있다.

미국의 저작권청/The United States Copyright Office/과 미상무부 국가정보통신기관/National Telecommunications and Information Administration of the United States Department of Commerce/은 다음의 특정한 문제들에 대해서 다양한 의견들을 수집하려고 하였다. 의견을 제시하는 당사자들은 모든 질문에 역점을 두어 다룰 필요는 없지만 특별한 지식이나 정보를 가지고 있는 당사자들은 이 질문들에 성실하게 응답하기를 권고하였다.

첫째, 기술적 보호수단 회피금지가 최초판매이론에 어떤 영향을 미치는지,

둘째, 저작정보의 위조, 변경, 삭제를 금지시키는 것이 최초판매이론에 미치는 영향,

셋째, 전자상거래와 관련기술의 발전이 최초판매이론에 미치는 영향,

넷째, 현재 또는 최신 기술 사이의 관계가 최초판매이론에 미치는 영향의 정도,

다섯째, 최초판매이론이 특별한 매체나 방법에 전제가 되거나 관계가 있는지 여부,

여섯째, 새로운 기술의 출현 내지 기술적 전제에 변경이 있는 경우 최초판매이론의 성립여부,

일곱째, 최초판매이론이 디지털 전송에 적용되기 위해서는 어느 정도까지 확대되어야 하는지,

여덟째, 현행법상 디지털 최초판매이론의 부재가 디지털 형태의 저작물시장에 긍정적 또는 부정적인 효과를 미치는지,

등에 관한 질문이다. 미국에서 1998년도에 제정된 DMCA은 미국의 협약 준수의무를 이행하고 디지털 시대에 있어 국내저작권법을 변화에 적응시키기 위하여 의회가 노력한 결과의 산물이라고 할 수 있다. 의회가 항상 인식하고 있었던 것처럼 남아 있는 유일한 문제는 '변화'이다. 이러한 변화는 DMCA의 제정으로 나타났고 기술변화와 미국 저작권법 사이의 관계를 의회가 계속하여 실시하는 평가의 초기단계일 뿐이라는 것이다. 저작물의 등록에 대한 보고서[23]는 이런 계속되는 과정에 있어서 연방의회에 도움을 주기 위해 DMCA 법령에 의해 만들어졌다.

이 보고서는 "DMCA 제1절에 의한 수정의 노력, 전자상거래의 발전, 미국법 제17편의 제109조와 제117조의 효력에 있어서의 관련기술, 그리고 제109조, 제117조의 효력과 현재 그리고 새로운 기술 사이의 관계"를 평가하기 위한 것이다. 특히 이 보고서는 세 가지 제안에 초점을 맞추고 있다. 세 가지 제안은 국민과 협의과정에서 추천된 것들이다. '디지털 최초판매이론/digital first sale doctrine/'의 고안, 일정한 임시 복제물을 만드는 것에 대한 허용, 이 법 제117조에 있어서 컴퓨터프로그램에 대한 기록 복제허용의 확대가 그것이다.

전체적으로 정리하면 미국의 1976년 저작권법 제109조에서 최초판

23) Executive Summary, Digital Millennium Copyright Act, Section 104 Report, p.1.

매이론을 성문화하고 있고, 미하원보고서[24]도 Bobbs - Merrill사건에 관한 판결을 인식하고 있다.

저작권침해에 대한 구제는 합법적인 판매가 이루어진 후에 복제물의 배포에 관한 계약제한을 강제하기 위해서 이용되는 것은 아니다. 즉 판매자와 구매자 사이에 체결된 계약에 의해서 부과되는 복제물이나 음반의 미래 처분에 관한 조건들을 당사자 사이에서 계약침해를 이유로 강제할 수 없다는 것을 의미하는 것이 아니라, 저작권침해를 이유로 제기된 소에 의해서 강제될 수 없다는 것을 의미한다. 그리고 산업전체가 최초판매이론 때문에 위협을 받게 되는 경우인 음반과 컴퓨터 소프트웨어에 대해서는 대여권을 인정하여 최초판매이론의 예외가 되게끔 하였다. 그리고 최근 기술의 진보에 따라 이루어지고 있는 최초판매이론의 회피수단에 대응하기 위하여 DMCA의 제정을 통하여 기존의 미국저작권법상의 최초판매이론과의 조화로운 해석을 시도하고 있다.[25]

24) H.R. Rep. No.94-1476, 94th Cong., 2d Sess.79(1976).

25) 최근의 미국판례 중에서 특별히 흥미로운 것 중의 하나는 지식재산권의 한계를 설정하는 '최초판매이론'이 보통법상의 Publicity권에 적용되는지 여부에 관한 것이다. 원고는 퍼블리시티권은 지식재산의 형태와는 다른 것이라고 주장하면서 그 이유는 저작권이 '특정 사진 또는 제품'을 보호하는 것이라면 퍼블리시티권은 '동일성(identity)'을 보호하는 것이기 때문이라고 하였다. 더 나아가서 최초판매이론은 이 경우에는 적용해서는 안 된다고 주장하였다. 그 근거로서 연예인의 동일성이라고 하는 것은 최초판매 이후에 구체화되어 있는 개인적인 유체재산과 함께 지속적으로 유통된다는 것이다. 이에 대하여 법원은 원고가 주장하는 퍼블리시티권에 의해서 보호되는 것과 지식재산권의 형태로 보호받는 것, 예컨대 저작권과 같이 형태로 보호받는 것과의 사이의 차이점은 확고한 것은 아니라고 지적한다. 예를 들어서 저작권은 당해 표현재료가 구체화되어 있는 책이나 그림과 같은 단지 유형적인 형태만을 보호하는 것이 아니라, 그 유형적인 것에 포함되어있는 저자나 예술가의 특정한 표현도 보호하는 것이라고 언급하고 있다. 따라서 저작권법은 보호받고 있는 저작물을 직접적으로 사진촬영하는 것에 의해서 침해당할 뿐만 아니라, 보호받고 있는 저작물 속에 포함되어진 것과 본질적으로 유사한 언어나 이미지를 출판하는 것에 의해서도 침해된다고 하였다. 구체적인 내용은 Allison et al. v. Vintage Sports Plaques et al., U.S. Court of Appeals, 11th Circuit, No.96-6809, (March 18, 1998) 참조.

3. 권리소진이론의 법리

1) 권리소진의 근거

권리소진원칙이 인정되는 근거가 무엇인지에 관하여 논의가 있다. 권리소진은 저작권자의 저작권 행사를 강제적으로 그만두게 만들고 저작권침해를 구성하지 않도록 하고 있다. 즉 저작물의 전전유통 단계에 저작권자가 자신의 배포권을 행사하여 개입하는 것을 방해하고, 저작물의 취득자가 계속하여 이를 거래에 제공하더라도 권리침해가 되지 않도록 하는 것이다. 이러한 권리소진은 무엇을 근거로 정당화되고 성립하는가가 문제이다. 대체적으로 다음의 3가지 학설로 대별되고 있다.

(1) 소유권론(Eigentumstheorie)

이 이론은 배포권의 소진에 대한 근거를 소유권에서 찾고 있다. 즉 저작물 취득자의 소유권은 저작권법의 효과로 전체적으로 계속되는 배포권 행사인 배포행위에도 미칠 가능성과 양립할 수 있다는 것이다. 물론 이러한 배포행위는 권리 있는 자가 동의하여 이루어진 첫 배포행위 후에 합의를 통하여 이루어진다.[26] 계속해서 양도할 권리는 소유권으로부터 나온다는 것이다. 이에 대한 근거로 독일민법 제137조[27]를

26) BGH GRUR 1952, 530 531-Parkstraße; OLG Karlsruhe GRUR 1979, 771, 773 - Remission.

27) §137 [법률행위에 의한 처분금지] 양도할 수 있는 권리를 처분하는 권한은 법률행위에 의하여 이를 배제하거나 제한할 수 없다. 그러한 권리를 처분하지 아니하기로 하는 의무는 이 규정에 의하여 그 효력에 영향을 받지 아니한다. §137[Rechtsgeschaftliches Veraußerungsverbot] Die Befugnis zur Verfugung über ein veräußerliches Recht kann nicht durch Rechtsgeschäft ausgeschlossen oder beschränkt werden. Die Wirksamkeit einer Verpflichtung, über ein solches Recht nicht zu verfugen, wird durch diese Vorschrift nicht berührt. 양창수, 2015년판 독일민법전, 박영사, 2015, 58-59면.

근거로 든다. 제137조 제1문에 따르면 저작권자는 저작물에 대한 소유권 양도가능성을 제3자에 대한 효력으로서 제한하거나 저작권자의 허락에 종속시킬 수 없다. 또한 제2문에 따르면 양도제한은 단지 의무적인 효과만을 가진다.[28)]

하지만 이러한 견해는 동의를 받지 못하고 있다. 저작권은 독일민법 제903조[29)]에 따라 자신의 물건을 임의로 처분할 수 있는 소유권자의 권리와 대립하는 제3의 권리로 간주되기 때문이다. 다르게 표현하자면 저작권은 어느 면에서 소유권의 한계를 설정할 수 있기 때문이다.[30)] 따라서 소유권이전의 경과 사실로써 배포권의 제한을 설명하고자 하는 것은 적합하지 않다고 본다.

(2) 거래보장론(Verkehrssicherungstheorie)

거래보장론은 저작권과의 연계성은 별개로 하고 저작물을 자유롭게 거래할 필요성을 소진의 근거로 내세운다. 그래서 배포권의 의미가 필요한 것이 아니다. 왜냐하면 배포권은 적법하게 거래에 제공된 저작복제물의 거래를 위한 배타적 권리를 저작권자에게 보장하기 위한 것이기 때문이다.[31)] 이 견해는 권리를 가진 자가 동의하여 거래에 제공

28) RGZ 63, 394, 399f-Koenigs Kursbuch.

29) §903 [소유자의 권능] 물건의 소유자는, 법률 또는 제3자의 권리에 반하지 아니하는 한, 물건을 임의대로 처리할 수 있고 또 타인의 어떠한 간섭도 배제할 수 있다. 동물의 소유자는 그 권능의 행사에 있어서 동물의 보호를 위한 특별규전을 준수하여야 한다. §903 [Befugnis des Eigentümers] Der Eigentümer einer Sache kann, soweit nicht das Gesetz oder Rechte Dritter entgegenstehen, mit der Sache nach Belieben verfahren und andere von jeder Einwirkung ausschließen. Der Eigentümer eines Tieres hat bei der Ausübung seiner Befugnisse die besonderen Vorschriften zum Schutz der Tiere zu beachten. 양창수, 전게서, 648-649면.

30) Dietrich Reimer, Der Erschöpfungssatz im Urheberrecht und gewerblichen Rechtsschutz unter Berücksichtigung der Rechtsprechung des Europäischen Gerichtshof, *GRUR Int.* 1972,, 221, 225; Schricker/Loewenheim, a.a.O., §17, Rdnr.16.

31) Von Ungern-Sternberg, “Erschöpfung des Verbreitungsrechts und Vermietung von Videokassetten,”

된 물건을 계속하여 배포하는 것은 '상품의 자유로운 유통'이라는 이익 또는 '소비자 이익'이라는 공공의 이익에 반하는 방법으로 방해를 받아서는 안 된다는 점을 강조한다. 이러한 방해는 아마도 지식재산권자가 거래에 '한번' 제공된 물건의 운명을 자기 마음대로 통제할 수 있고 개별적으로 계속 이어지는 양도과정을 마음대로 승인하거나 금지시킬 수 있는 행위라 할 수 있을 것이다. 이러한 저작권법상의 지배청구권을 근거로 행해지는 방해 행위를 그만두게 할 필요가 있다. 즉 자유롭게 계속하여 저작권자의 동의 없이 배포하는 것이 가능하게 하는 것이 필요하다. 그 한계를 설정해주는 것이 '소진'이고 이는 저작복제물에 내재되어 있는 저작권법상의 권리와의 연결점을 해소하는 것이다.[32)]

소진이 거래보호에 기여한다는 해석도 이러한 견해의 일종이라고 할 수 있다.[33)] 거래보장론의 뒤에 숨어 있는 생각은 저작물에 관한 거래능력의 유지를 구체화시켰다는 점이다. 또한 거래보장론은 권리거래에 있어서 공공 이익과의 명확한 관계를 설명하고 있다는 점이 의미가 있다.

(3) 보상론(Belohungstheorie)

보상보장론/Entgeltsicherungstheorie/ 또는 이익참여론/Gewinnbeteiligungstheorie/이라고도 불리는 보상론은 배포권을 처음에 행사함으로써 자신의 목적을 충족시켰기 때문에 소진이 발생한다는 견해이다. 이 견해에 따르면

GRUR 1984, 262.

32) Tomas Brinkmann, "Die Vermietung von Videofilmkassetten aus urheberrechtlicher Sicht," *NJW* 1983, 599, 600.

33) Schricker, a.a.O., Einl., Rdnr.22, Vor §§ 28ff., Rdnr.63; Schricker/Katzenberger, "Die urheberrechtliche Leerkassettenvergutung," *GRUR* 1985, 87, 93.

저작권자 내지 창작자는 자신에게 귀속되는 보상을 챙길 수 있는 가능성을 최초의 양도 시에 가진다는 것이다. 저작권자는 배포권이 보장하는 장점들을 향유하고 이로 인해 자신의 권리를 소비하게 된다. 독일의 많은 학자들은 이 견해를 지지한다. 보상보장을 권리소비의 본질적 전제로 간주한다.

(4) 사견

위에서 권리소진원칙이 인정되는 근거가 무엇인가에 관하여 살펴보았다. 소유권론은 소유권과 저작권은 별개의 독립된 권리로서 서로 병렬적 관계에 있고 그 실체가 다르다는 것을 알지 못한 견해라고 할 수 있다. 그리고 권리소진이라는 것은 지식재산인 저작물이 최초판매가 이루어진 이후에 그 취득자의 계속되는 판매나 처분행위에 대해서 저작권자가 저작권침해를 당하였다고 주장할 수 없다는 것이다. 즉 법률을 통하여 강제적으로 저작권자의 권리를 통제하여 전전유통되는 각 단계에 저작권자의 권리행사를 봉쇄하는 것이므로 거래의 안전을 보장하고 있다고 할 수 있다. 다시 말해 저작물의 자유로운 유통으로부터 공공의 이익을 보장하는 것이라고 할 수 있다. 그러나 다른 한편으로 저작권자는 법률이 보장한 최초판매를 통하여 자신이 투자한 노동 또는 창작동기에 대한 보상을 받을 기회를 가졌다고 할 수 있으므로 그 이후에 이루어지는 처분행위에 대해서는 보상을 받을 권리를 행사할 수 없다고 보아야 할 것이다. 저작권자는 자신이 행사할 수 있는 최초양도 시에 권리를 소비하였다고 할 수 있다. 그런 점에서 보상론 또한 설득력을 가진다. 결론적으로 거래안전론과 보상론 모두 권리소진의 근거라고 할 수 있다. 전자는 상품의 자유유통이라는 공공의 이익을 대변하는 것이고 후자는 창작행위에 대한 보상을 받을 기회를 가질 수 있었다는 사익, 즉 창작자의 이익을 대변하기 때문이다.

2) 권리소진의 요건

현행 저작권법 제20조 단서에서 규정하고 있는 바와 같이 권리소진은 배포행위를 통해서만 나타난다. 그러나 다른 형태의 이용행위를 통해서, 예를 들자면 비디오필름의 공개적인 상영이나 저작물의 전시와 같은 것은 소진이 나타나지 않는다.[34][35] 그리고 온라인을 통하여 전송된 데이터는 소진 원칙의 적용을 받지 않는다. 온라인 전송은 배포라고 할 수 없기 때문이며, 독일의 경우 명명되지 않은 공개재생권의 한 형태라고 보아야 하고 우리의 경우에는 2000년에 새로 삽입된 전송권의 적용을 받는다. 전송은 현행 저작권법 제2조 제10호에 따르면 "공중송신 중 공중의 구성원이 개별적으로 선택한 시간과 장소에서 접근할 수 있도록 저작물 등을 이용에 제공하는 것을 말하며, 그에 따라 이루어지는 송신을 포함한다"를 말하므로, 유체물의 전전유통을 전제로 하는 배포권의 규정과는 거리가 있다. 온라인으로 전송된 데이터를 받은 사람은 권리 있는 사람이 만든 유체적인 고정물, 예컨대 프린터로 출력한 문서, 디스켓이나 CD-Rom 또는 이와 유사한 매체에 저장되어 있는 것을 계속해서 양도해서는 안 된다. 마찬가지로 온라인상으로 계속해서 전송해서도 안 된다. 왜냐하면 온라인상으로 계속하여 전송하는 행위는 전송권을 침해하는 것이고 유체적인 고정물인 경우에는 복제권을 침해할 수 있기 때문이다.[36] 독일저작권법 제17조 제2

34) BGH GRUR 1986, 742, 743-Videofilmvorfuhrung.
35) BGH GRUR 1995, 673, 676-Mauerbilder.

항에는 소진의 요건으로서 양도의 방법으로 원본이나 복제물을 거래에 제공하고 유럽공동체 또는 유럽경제공동체의 영역에서 이루어져야 하고, 마지막으로 배포에 권리 있는 자가 동의하여야 한다는 것이 규정되어 있다. 우리나라의 현행 저작권법 제20조 단서에서도 저작물의 원본이나 그 복제물이 배포권자의 허락을 받아 판매의 방법으로 거래에 제공되어야 한다고 규정하고 있다. 독일 저작권법이나 현행 저작권법에서 공통으로 규정하고 있는 이 두 가지 요건, 즉 양도의 형태로 거래에 제공되는 것과 권리 있는 자의 동의를 받아야 한다는 것을 중심으로 소진의 요건을 설명하고자 한다.

(1) 원작품 또는 복제물

현행 저작권법 제20조에 따르면 배포의 대상은 '저작물의 원작품이나 그 복제물'이어야 한다. 배포에 관한 입법적 정의를 내리고 있는 제2조 제23호에서도 배포의 대상을 '원본 또는 그 복제물'이라고 하고 있다. 마찬가지로 독일 저작권법 제17조 제1항에는 배포권에 관한 법률적 정의를 내리면서 배포권의 대상은 오로지 유체물, 즉 저작물 원본이나 복제물/das Original oder Vervielfältigungsstücke des Werkes/만이 그 대상임을 명백히 하고 있다.[37] 미국의 조문을 보더라도 "copies or phonorecords of the copyrighted work"[38] 즉 저작물의 복제물 또는 음반이라고 하여 유체물만이 배포권의 대상임을 규정하고 있다. 따라서 극장에서 저작물의 상영이나 텔레비전을 통한 방송, 라디오 방송은 제20조에서 말하는

36) Schricker/Loewenheim, a.a.O., §17, Rdnr.37.
37) Schack, a.a.O., Rdnr. 430; Karl Egbert Wenzel, *Urheberrecht für die Praxis*, 3.Aufl., Schaffer Poeschel, S.79.
38) 17 U.S.C. 106(3).

배포권의 대상은 아니다.[39] 강연이나 상연, 저작물의 방송과 같은 무형적인 형태는 배포권의 범위에 포함되지 않고 강연권/복제권/이나 방송권의 보호를 받는다.

(2) 양도를 통한 거래에 제공

현행 저작권법 제20조 단서에서는 "해당 저작재산권자의 허락을 받아 판매 등의 방법으로 거래에 제공된 경우에는"라는 문구가 있다. 여기서 '거래에 제공'을 판매의 방법으로 하도록 규정하고 있다. 판매를 통한 제공이라는 말은 결국 저작물을 매도한다는 말로 오해하기가 쉽다. 대부분 저작물의 거래가 민법에서 말하고 있는 매매를 통하여 이루어지는 것은 사실이다. 그러나 반드시 매매의 형태로만 이루어진다고 할 수는 없다. 증여할 수도 있고, 저작물에 관한 소유권을 포기할 수도 있고, 교환을 통하여 이루어질 수도 있다. 그런데 현행 저작권법에서 '판매의 방법으로'라는 용어를 이용한 것은 아마도 영미법상의 최초판매이론/first sale doctrine/의 명칭에 따른 것으로 보인다. 여기서 판매의 의미를 되새겨 볼 때 그 의미가 무엇인지 살펴보고자 한다.

여기서 말하는 '거래에 제공'은 현행 저작권법상의 배포행위의 한 내용이라고 할 수 있다. 다만 '거래에 제공'이 우리 법문에서 규정하고 있는 판매를 통해서만 이루어져야 하는가 하는 문제가 생기는 것이다. 이하에서는 우리 법문과 유사하게 규정하고 있는 독일법문의 해석론을 참조하여 설명하고자 한다.

독일의 경우 독일저작권법 제17조 제2항에서 배포권이 소진되기

39) 독일제국법원이 한때 방송권을 배포권으로 판결한 적도 있지만(RGZ 136, 377, 381f.), 제2차 세계대전 이후의 독일연방대법원은 1953년도에 이미 이러한 태도를 포기하였다(BGHZ 11, 135, 144-Lautsprecherubertragung, BGH GRUR 1972, 141-Konzertveranstalter).

위한 요건으로 양도를 통한 거래의 제공을 규정하고 있다. 법문상으로는 "양도의 방법으로/im Wege der Veräußerung/"라고 규정하고 있다. 여기서 말하는 Veräußerung이라고 하는 것은 법률행위를 통한 소유권의 이전을 의미한다. 따라서 꼭 매매만을 의미한다고 할 수는 없는 것이다. 즉 독일의 경우 배포권은 양도의 방법으로 저작물의 원본 또는 복제물이 거래에 제공되었을 경우에만 소진된다. 여기서 말하는 양도라는 개념은 독일민법 제433조[40] 이하에서 말하는 매매의 의미로만 이해하는 것이 아니고, 기초적인 원인행위/매매, 교환, 증여 등/에 한정하지 않고 보통 소유권의 포기 또는 양도로 파악한다.

독일의 학자들[41]은 권리자가 저작물에 대한 처분가능성을 최종적으로 가지고 있는지 여부를 결정적인 것으로 생각한다. 따라서 대여나 대출과 같이 잠정적으로 점유를 이전하는 것은 배포권의 소진이 생기지 않는다고 본다. 이러한 경우 저작권자는 계속되는 통제를 할 수 있는 힘을 의도적으로 유지하려고 할 것이기 때문이다. 예를 들자면 콘서트 개최자에게 악보를 대여하거나 영화상영관에 영화필름 복제물을 대여한 사람은 이것들의 계속되는 배포를 금지시킬 수 있다.

저작물의 양도/Übereignung/는 독일저작권법 제17조 제2항에서 말하는 양도/Veräußerung/의 의미로 파악하고 있다.[42] 이것은 또한 저작자에게 주

40) §433 [매매계약에서의 전형적 의무] ① 매매계약에 기하여 물건의 매도인은 매수인에게 그 물건을 인도하고 또한 그 물건에 대한 소유권을 이전할 의무를 진다. 매도인은 매수인에게 물건하자 및 권리하자 없는 물건을 공여하여야 한다. ② 매수인은 매도인에게 약정한 대금을 지급하고 또한 매매물건을 수취할 의무를 진다.
§433 [Vertragstypische Pflichten beim Kaufvertrag] ① Durch den Kaufvertrag wird der Verkäufer einer Sache verpflichtet, dem Käufer die Sache zu übertragen und das Eigentum an der Sache zu verschaggen. Der Verkäufer hat dem Käufer die Sache frei von Sach- und Rechtsmängeln zu verschaffen. ② Der Käufer ist verpflichtet, dem Verkäufer den vereinbarten Kaufpreis zu zahlen und die gekuafte Sache abzunehmen.

41) Ulmer, a.a.O., S.195; Schricker/Loewenheim, a.a.O., §17, Rdnr.39; Fromm/Nordemann/Vinck, a.a.O., §17, Rdnr.8.

42) Ulmer, a.a.O.; Schricker/Loewenheim, a.a.O., §17, Rdnr.39.

는 증정본/Freiexemplar/이나 비평가에게 주는 비평용 기증본/Rezensionsexemplar/의 이전에도 적용된다. 출판업자는 이러한 책들이 계속적으로 유통되는 것에 대해서 저작권법적으로 적절한 수단을 취할 수는 없다. 다만 계약법상의 의무위반에 의해서 침해당하였다고 주장할 수 있다.[43] 저작물을 제3자에게 원가 이하로 판매하기 위하여, 즉 투매/投賣, 막 팔기/하기 위하여 양도되는 경우에도 마찬가지이다.[44]

저작물은 유효하게 자유로운 상거래에 제공되어야 한다.[45] 도매상거래에서도 마찬가지이다. 폐기시키기 위해서 파지로서 출판증명서를 양도한 경우에는 거래에 제공한 것이 아니다. 그 이유는 저작물이 거래에 제공되었다고 보기에는 장애사실이 있다고 보기 때문이다.[46] 또한 콘체른 내부에서의 양도는 거래에 제공되었다고 보지 않는다.[47]

저작물에 대한 처분가능성이 최종적인 상실로 연결되지 않은 경우에는 사정이 다르다. 따라서 양도담보/Sicherungsübereignung/의 경우에는 양도가 이루어졌다고 할 수 없고, 양도담보목적물/Sicheringsgut/을 이용함으로써 비로소 소진이 발생한다.[48] 양도담보설정자는 비록 소유권자이지만 양도담보계약을 통하여 신탁적으로 구속되어 있다. 양도담보권자는 자신의 처분가능성을 최종적으로 바로 가지는 것이 아니라, 오로지 저작물에 내재하고 있는 경제적 가치를 담보의 목적으로 이용할 수 있을 뿐이다. 그러나 소유권유보/Eigentumsvorbehalt/의 경우에는 반대가 될 것이다.

43) Bappert/Maunz/Schricker, *Verlagsrecht*, 2.Aufl., C.H. Beck, 1984, §8, Rdnr.28b.

44) a.a.O., §8, Rdnr.30.

45) 독일의 경우 단순한 회원국의 통과는 거래에 제공되는 것이라고 보지 않는다(BGH GRUR Int. 1981, 562, 564-Schallplattenimport).

46) OLG Karlsruhe GRUR 1979, 771, 772-Remission.

47) OLG Hamburg GRUR Int., 1970. 377-Polydor.

48) Bapper/Maunz/Schricker, a.a.O., §8, Rdnr. 28b; Ulmer, a.a.O.; Schricker/Loewenheim, a.a.O., §17, Rdnr.41.

따라서 우리 입법에서 '판매의 방법으로'라고 되어 있는 법문은 권리소진의 대상의 되는 법률행위를 너무 좁게 규정하고 있다. 양도의 여러 형태 가운데 매매만을 규정하고 있기 때문이다. 권리소진이 이루어지는 그 취지를 반영할 때 독일의 법문과 같이 '양도'라고 하는 것이 적절하다. 즉 저작물에 대한 처분가능성의 이전여부를 중심으로 이해하여야 할 것이다.[49]

(3) 권리자의 동의

권리소진이 발생하기 위해서는 배포에 권리 있는 자가 양도를 통한 거래제공에 동의하여야 한다는 것이 또 하나의 요건이다. 권리 있는 자는 우선 저작권자를 생각할 수 있고 더 나아가서는 저작권자로부터 권리를 받은 사람일 수도 있다. 출판업자 등 저작권자가 이용을 승인하는 형태로 배포권을 승계한 자도 이에 포함된다. 권리동의 내지 권리이전은 몇 단계로 나누어 할 수 있다. 채권법상으로 이 권리를 수여할 수도 있다. 독일판례에 따르면 침해소송에서 거래제공을 승인했는지 여부에 대한 설명부담 내지 입증책임은 배포권이 소진되었다는 이의를 제기하면서 원고에 의해서 적합하게 제기된 침해소송에 대하여 방어하는 피고에게 있다고 판시하고 있다.[50]

권리자의 동의는 거래의 제공이 일어난 지역에 대해서 성립하여야 한다. 예컨대 대한민국 내에서만 배포 동의를 받은 자가 일본에서도 거래에 제공하였다면, 일본지역에서의 배포권은 소진하지 않는다. 일본에서 양도된 저작물은 권리 있는 자의 동의 없이는 다른 국가에서

49) 뒤의 (4)에서 구체적으로 논의한다.
50) BGH GRUR 1985, 924, 926-Schallplattenimport II.

거래에 제공되거나 계속해서 배포되어서는 안 된다. 독일이나 유럽의 경우에는 유럽공동체의 외부에서 이미 거래에 제공된 저작물이 유럽공동체 내지 유럽경제공동체의 회원국으로 수입되는 경우에도 동일하다. 또한 유럽공동체의 한 회원국 내에서 행한 판매의 적법성은 최초 거래제공에 권리 있는 자가 공간적으로 유럽공동체 또는 유럽경제공동체 내에서 승인을 하였는지 여부에 달려 있다. 그리고 유럽공동체 또는 유럽경제공동체 외부의 제3국으로 수출하도록 되어있는 저작불이 권리자의 동의 없이 거래에 제공된 경우에는 배포권자는 유럽공동체 내부에서의 저작물의 공급을 거절할 수 있다.[51)]

(4) 판매의 방법으로의 의미

현행 저작권법 제20조 단서에서는 "저작물의 원저작물이나 그 복제물이 배포권자의 허락을 받아 판매 등의 방법으로 거래에 제공된 경우에는 이를 계속하여 배포할 수 있다"라고 하면서[52)] 권리소진 내지 최초판매이론을 규정하고 있다. 이에 관해서는 한국의 학자들도 일치된 견해를 보이고 있다.

비교법적으로 보더라도 제43조 제1항의 법문은 독일의 제17조 제2항과 그 내용에 있어서 동일하다고 할 수 있다. 이는 독일어의 "im Wege der Veräußerung"의 한국어 번역이라고 할 수 있는데 Veräußerung을 꼭 '판매'라고 이해하여야하는가 하는 것이[53)] 오히려 '양도'가 아닐

51) Schricker/Loewenheim, a.a.O., §17, Rdnr.46.

52) 이 조문의 주어가 불분명하다고 비판하는 분도 있다. 허희성, 『신저작권법축조개설』, 188면 참조.

53) 허희성, 전게서, 186면에서는 독일저작권법 제17조 제2항의 규정을 "저작물의 원 작품 또는 복제물이 이 법률의 시행지역에서 배포의 권리를 가진 자의 동의를 얻어 양도의 방법에 의해서 거래에 제공된 때에는 그것의 재배포는 허용된다"라고 하여 im Wege der

까 하는 생각이 든다. Veräußerung이라고 하는 것은 법률행위에 의한 권리이전을 가리키는 의미로 이해할 수 있다.[54] 따라서 독일의 제17조 제2항의 해석에 있어서는 앞에서 이미 언급하였다시피 배포권은 양도의 방법으로 저작물이 거래에 제공되었을 경우에만 소진된다. 여기서 말하는 양도라는 개념은 우리민법 제563조 이하에서 말하는 매매의 의미로만 이해하는 것이 아니고, 기초적인 원인행위/매매, 교환, 증여 등/의 성격과는 관계없이 보통 소유권의 포기 또는 양도로 파악한다.

앞서 살펴본 바와 같이 소진의 요건은 반드시 '판매의 방법'으로 한정되는 것이 아니라 법률행위에 의한 이전이 이루어지면 되는 것으로 이해되어야 할 것이다. 따라서 증여뿐만 아니라 교환도 포함되는 것이다. 따라서 우리 법문에 나타난 '판매'로 거래에 제공되어야 소진의 요건을 충족시키는 것으로 고집할 필요는 없을 것 같다는 판단이 든다. 우리 입법자가 정말로 판매의 방법으로만 거래에 제공되어야 한다고 생각했을지도 모른다.[55] 그러나 해석을 통해 볼 때 꼭 '판매의 방법'으로만 거래에 제공되어야 한다는 고집은 필요가 없을 것 같고 양도의 대표적인 한 형태라고 보아야 할 것으로 생각한다.[56] 아마도 짐작하건대 미국의 권리소진이론의 명칭이 최초 '판매'이론/first "sale" doctrine/이다 보니 이 명칭에서 약간의 혼동과 오해를 하지 않았나 하는 생각이 든다.

Veräußerung의 해석을 '양도의 방법에 의해서'라고 해석하고 있다.

54) 山田 晟, 『ドイツ 法律用語辭典』, 大學書林, 1982.

55) 실제로 우리나라 사법연수원의 교재에도 소진원칙이 적용되는 것은 판매가 아닌 '증여' 또는 대여에 의하여 이전된 경우에는 위 원칙이 적용되지 않는다고 설명하고 있었다. 사법연수원 「저작권법I」, 사법연수원, 2002, 204면.

56) 실례로 독일저작권법 제26조의 추급권에 관한 규정에 나오는 Veräußerung의 의미에 관해서 독일의 일반적인 해석은 법률행위를 통한 소유권의 이전을 의미하는 것으로 이해하고 있다. 따라서 소유권이전에 기초를 이루는 매도와 같은 부담행위(Verpflichtigungsgeschäft)를 의미한다고 보지는 않는다. Schricker/Katzenberger, a.a.O., §26, Rdnr.30.

3) 권리소진의 효과

권리소진의 효과는 즉 배포권이 소진하면 저작물의 계속되는 배포는 적법하다는 것이다. 따라서 저작권자나 배포권에 권리 있는 자가 자신의 배포권을 더 이상 주장할 수 없게 된다. 반면에 대여권은 이에 대한 예외라 할 수 있다. 즉 배포권이 있는 자가 대여권을 승인하지 않았다면 계속하여 거절할 수 있다. 권리가 소진된다고 하는 것은 강제적인 것이고, 조건화될 수 있는 것은 아니다. 우리나라의 경우 속지주의 원칙상 우리 헌법이 미치는 곳에서만 저작권법이 적용된다.

독일의 경우도 독일저작권법 제17조 제2항의 적용범위는 속지주의/Territorialitätsprinzip, territorial principle/관점에서 독일저작권법이 효력이 미치는 범위 내로 제한된다. 따라서 이 지역 내에서만 소진의 개시를 명령할 수 있다. 그러나 유럽공동체협약과 유럽경제공동체협약에 따라 권리소진효과는 회원국들[57]에게 미친다. 즉 유럽에서는 회원국의 한 나라에서 저작물이 거래에 제공된다면, 유럽공동체나 유럽경제공동체 회원국에서 계속되는 배포는 적법한 것이다.

독일 판례[58]에 따르면 소진효과는 거래에 제공된 구체적인 저작물에만 적용되는 것이지, 다른 저작물의 매개체와 관련하여 발생하는 것은 아니다. 또한 이미 언급하였다시피 배포권만 소멸되는 것이고 다른 권리는 소멸하지 않는다. 물론 앞서 언급한 대로 대여권은 예외이다. 따라서 비디오테이프의 양도를 통하여 시작된 소진효과는 공개적인

57) 회원국은 독일, 덴마크, 벨기에, 영국, 핀란드, 프랑스, 그리스, 이탈리아, 네덜란드, 아일랜드, 룩셈부르크, 포르투갈, 오스트리아, 스웨덴, 스페인은 유럽공동체 회원국으로서 소진의 효력이 미치고, 유럽경제공동체 회원국으로서는 아이슬랜드, 리히텐슈타인, 노르웨이에서도 소진효과는 미친다.

58) BGH GRUR 1993, 34, 36-Bedienungsanweisung; BGH GRUR 1986, 742, 743 -Videofilmvorführung.

영화상영권에까지 미치지 아니한다.[59)]

이러한 배포권의 권리소진이론이 저작인접권/neighbouring rights, Verwandter Schutzrecht/에도 적용 가능한지 여부가 문제가 된다. 저작인접권은 실연자, 음반제작자, 방송사업자에게 부여되는 저작권에 유사한 권리를 말한다. 저작권은 창작에 대한 보호를 하는 것이지만, 저작인접권은 노동이나 자본의 투자에 대한 보호를 그 요체로 하고 있다. 그러나 저작인접권을 저작권에 유사하게 보호하는 이유는 실연자 · 음반제작자 · 방송사업자 등은 저작물을 해석하고 전달하는 기능을 담당하여 저작물의 가치를 부가하는 역할을 하는데, 현행 저작권법 제65조에서는 저작권과 저작인접권과의 관계를 논하면서 저작인접권의 규정의 해석은 저작권에 영향을 미치지 아니하는 것으로 규정하고 있다. 현행 저작권법에는 실연자에게 복제권/제69조/과 실연방송권/제73조/을 인정하고 있고, 제70조에서 실연자에게도 배포권을 인정하면서 단서에서 권리소진에 관해서 규정하고 있다. 방송사업자에게도 복제권/제84조/과 동시중계권/제85조/을 인정하고 있다. 음반제작자에게는 복제권/제78조/, 배포권/제79조/을 인정하고 있고 제79조 단서에서는 배포권의 소진에 대해서 규정하고 있다. 제80조와 제71조에서는 대여권을 인정하고 있다. 음반제작자가 음반에 관한 통제권을 상실할 정도로 양도를 하였다면 배포권 소진 문제가 발생할 수 있으나 제21조에서는 배포권에 대한 예외로서 음반제작자에게는 판매용음반의 영리를 목적으로 하는 대여를 허락할 권리를 부여하고 있다. 따라서 저작인접권에는 배포권의 소진문제가 사실상 적용될 가능성은 적어 보인다.

59) BGH GRUR 1986, 742, 743-Videofilmvorführung.

4) 증명책임

증명책임이라고 하는 것은 어느 요증사실의 존부가 확정되지 않을 경우에 당해 사실이 존재하지 않은 것으로 판단 받게 될 당사자 일방의 위험부담을 말한다. 이를 객관적 입증책임이라고 한다. 이러한 고유한 의미의 입증책임의 관념을 전제로 하여 당사자가 패소의 위험을 피하기 위하여 법원에 증거를 제출하여야 할 행위책임 또는 필요성이 있게 되는데, 이를 주관적 입증책임, 증거제출책임이라고 한다.

권리소진을 누가 주장하여 입증할 것인가 하는 문제에 대해서, 배포권 침해를 이유로 손해배상을 청구하는 경우 일반원칙에 의한다면 피해자인 원고가 청구권발생 요건사실인 가해행위, 고의 또는 과실, 손해배상, 인과관계 등에 대하여 입증책임을 지게 되고, 권리소멸사실은 상대방이 주장하고 이에 대한 입증책임을 진다.[60)]

그러나 독일 판례에 따르면 원고가 배포권침해를 이유로 손해배상를 구하는 소에서, 원고는 피고의 침해행위에 대하여 입증책임을 부담하지 않고 소진되었다고 항변/Einwand/하는 피고가 원칙적으로 거래제공을 승인했다는 설명부담 내지 입증책임을 진다고 판시하고 있다.[61)]

미국에서는 저작권침해와 관련된 민사사건에서 저작권을 침해한 자가 문제의 복제물이 권리 있는 최초판매의 객체이었음을 입증할 책임을 부담한다.

American International Pictures판결[62)]에서 영화저작물 저작권자는

60) 호문혁, 「민사소송법 제2판」, 법문사, 2002, 428~429면; 이시윤, 「신민사소송법」, 박영사, 2002, 446~447면; 송상현, 「민사소송법 신정3판」, 박영사, 2002, 624~625면.

61) BGH GRUR 1985, 924, 926-Schallplattenimport II.

62) American International Pictures, Inc. v. Foreman, 576 F. 2d 661, 663, 198 U.S.P.Q. 580, 581(5th Cir. 1978).

영화를 구매하여 이를 복제한 후 재판매한 거래상인 Foreman을 상대로 소를 제기하였다. 저작권자는 공판에서 많은 영상복제물 중 어떤 것도 배포의 목적으로 팔지 않았다는 것을 실질적으로 입증하였다. 복제물들은 영화구난회사에 팔렸고, 이사회에 임대되어서 텔레비전 방송국에 배포되었다. 그러나 증인은 이러한 행동들은 엄격하게 통제되었다고 증언하였다. 결론적으로 저작권자는 엄밀하게 말하면 모든 영화복제물에 대해서 책임이 없었다. 이에 대해 Foreman은 구조회사의 판매와 VIP대여, 텔레비전 배포에 관한 증거를 제출하였지만, 이러한 영화복제물들의 출처에 관해서는 직접적 또는 간접적으로 이를 입증하려는 시도를 하지 않았다. 어느 일방당사자도 일련의 권리를 증명하지 않았기 때문에 최초판매의 증명문제가 중요한 초점이 되었다. 제5순회법원은 지방법원이 저작권자에게 최초판매가 발생하지 않았다는 것을 입증하도록 간접적인 부담을 주었다는 이유로 지방법원의 판결이 잘못되었다고 지적하였다.

저작권침해 형사사건에 있어서는 정부가 최초판매가 존재하지 않았다는 것을 증명하여야 할 것이라고 미국법원[63]은 판시하고 있다. 즉 저작권을 고의로 침해한 사건을 기소함에 있어 정부는 첫째 저작권침해사실, 둘째 저작물이 최초판매의 대상이 아니라는 것, 셋째 고의성, 넷째 최초판매의 대상이 아니었던 저작물을 알면서, 다섯째 이익을 추구한 사실을 입증하여야 한다고 한다. 미국판례에 따르면 정부는 복제물들이 불법복제물이라는 것을 증명할 필요는 있지만, 반드시 침해자가 침해행위에 관해서 몰랐을 것이라는 모든 시나리오에 관해서 반증을 해야 할 필요는 없다고 보았다. 저작권침해와 관련된 형사사건에서는 일관성 있게 정부가 최초판매를 부인하는 입증을 진다고 하고 있는

63) United States v. Atherton, 561 F. 2d 747, 195 U.S.P. Q. 615(9th Cir. 1977).

데 이는 이것은 미국헌법에 나타난 적법절차/due process/가 요구하는 대로 정부가 범죄의 중요한 요소들을 입증하여야 한다는 것이다.[64]

5) 실연자와 음반제작자의 배포권 소진

위에서 언급한 배포권의 소진은 기본적으로 저작물에 대한 배포권의 소진에 관한 것이다. 그런데 우리 저작권법에는 저작권 외에 저작인접권자의 권리에 대해서도 규정하고 있는데, 실연자와 음반제작자의 권리 중에서 배포권은 앞서 언급한 권리소진이론이 그대로 적용된다. 저작권법 제70조에서 실연자의 배포권에 관해서 규정하고 있다.

> **제70조(배포권)** 실연자는 그의 실연의 복제물을 배포할 권리를 가진다. 다만, 실연의 복제물이 실연자의 허락을 받아 판매 등의 방법으로 거래에 제공된 경우에는 그러하지 아니하다.

그리고 제79조에서도 음반제작자의 배포권에 관해서도 다음과 같이 규정하고 있다.

> **제79조(배포권)** 음반제작자는 그의 음반을 배포할 권리를 가진다. 다만, 음반의 복제물이 음반제작자의 허락을 받아 판매 등의 방법으로 거래에 제공된 경우에는 그러하지 아니하다.

64) American International Pictures, Inc. v. Foreman, ibid.

두 저작인접권자의 배포권의 내용이 동일함을 알 수 있고 또한 이에 대한 권리소진의 내용도 앞서 논의한 저작물에 관한 권리소진이론과 흡사하다. 따라서 다시 논의하지 않기로 한다. 다만, 방송사업자에게는 그 성격상 배포권이 존재하지 않는다.

4. 권리소진의 예외 - 대여권

1) 개설

현행 저작권법은 제21조에서 "제20조 단서에도 불구하고 저작자는 판매용 음반이나 판매용 프로그램을 영리를 목적으로 대여할 권리를 가진다"라고 규정하고 있다. 이것은 대여권에 관한 것이다. 판매용 음반, 즉 영업용 음반과 판매용 프로그램에 대해서 대여권을 인정하고 있다.[65] 저작권자는 아니지만 제71조에서 "실연자는 제70조의 단서의 규정에 불구하고 그의 실연이 녹음된 판매용 음반을 영리를 목적으로 대여할 권리를 가진다"라고 규정하여 저작인접권자인 실연자에게도 자신의 실연이 녹음된 판매용 음반의 영리를 목적으로 하는 대여를 허락할 권리를 부여하고 있다. 나아가서 음반제작자에게도 제80조에서 "음반제작자는 제79조의 단서의 규정에 불구하고 판매용 음반을 영리를 목적으로 대여할 권리를 가진다."라고 규정하여 음반제작자에게도 대여권을 부여하고 있다. 즉 저작권법에서는 판매용 음반에 관해서 저

65) 대여권과 유사한 개념으로서 공공대출권이라는 개념이 있다. 이 공공대출권이란 도서관 소장의 도서나 음반녹음물을 공중에게 대출하는 것을 인정하는 경우 이용된 만큼 저작권자가 자신의 저작물을 판매할 기회를 상실하였기 때문에 보상금을 지급하여야 한다는 것이다. 이에 관해서는 상세한 부분은 김문환, '대여권에 관한 일고찰', 계간저작권, 1992년 봄호, 18면 이하 참조; 박문석, 「멀티미디어와 현대저작권법」, 지식산업사, 1997, 537~538면; 오승종, 전게서, 500면.

작권자 등에게 대여권을 허락하고 있다.[66]

그리고 과거의 컴퓨터프로그램보호법 제19조 제2항에서 "판매용 프로그램을 영리를 목적으로 대여하는 경우에는 프로그램의 저작권자 또는 프로그램의 배타적 발행권자의 허락을 받아야 한다"고 규정하여 프로그램저작권자 등에게 판매용 프로그램의 대여권을 인정하고 있었다. 그러나 2009년 4월 22일 법률 제9625호로 저작권법이 개정되면서 컴퓨터프로그램보호법이 폐지되었다. 컴퓨터프로그램에 관한 대여권이 우리 저작권법 제21조에서 규정되게 되었다. 따라서 우리 법체계상 대여권의 대상은 판매용 음반과 판매용 컴퓨터프로그램이라고 할 수 있다. 따라서 대여권이라 함은 최초판매 이후에 저작권자가 적법한 양수인에게 판매용 음반과 판매용 프로그램을 대여할 수 있도록 허락하거나 금지시키는 권리라고 할 수 있다.[67]

독일의 경우는 저작물에 대한 대여를 허락하거나 거부할 수 있는 권리인 대여권은 이미 배포권 이전의 권리상태로 파악하고 있었다.[68] 그래서 이 권리도 소진원칙에 따라야 하고 저작물의 최초판매 시/양도/에 소진되었다. 영업상 대여권을 배제하는 배포권이 인정되어 그 결과 저작물의 양도 시에 대여권은 소진될 가능성이 인정되었다. 이것은 특히 이전의 독일 저작권법 제27조의 해석과 관련하여, 입법자는 제17조 제2항에 따라 자유롭게 된 저작물의 대여는 완전히 보상금을 청구할 수 있는 이용형태로 인식을 하고, 여기에 대해서는 금지청구권이 아니라 보상금청구권으로 보장하려는 것이었다.[69] 그러나 유럽의회의 '대

66) 허희성, '한국저작권법의 제·개정 역사', 저작권조정심의회편, 저작권법제·개정 관련 국회회의록(2), 2000. 264면.

67) 이해완, 전게서, §13-62.

68) BGH GRUR 1987, 37, 38-Videolizenzvertrag.

69) BGH GRUR 1986, 736, 738-Schallplattenvermietung.

여권 및 대출권 지침'[70]에서 대여권을 배타적인 권리/금지청구권/로 규정하였고, 이는 저작물의 양도 시에 소진이 되지 않는다는 것을 의미한다. 이는 컴퓨터프로그램지침[71] 제4조 c의 규정과도 상응하는 것이다. 국제적인 경향[72]도 그러하다고 할 수 있다. 이러한 지침을 독일 저작권법으로 도입 시[73] 독일의 입법자들은 대여권을 배포권의 한 부분으로 형성시켰다. 이로써 제17조 제1항의 변경의 필요성은 없어졌으나, 대여권은 권리소진원칙의 예외가 되었다. 독일에서는 이러한 대여권을 배포권의 한 부분으로서 실연예술가, 음반제작자, 영화제작자도 행사할 수 있으나, 방송사업자는 대여권을 가질 수 없다. 대여권지침 제4조에 따라 보상금지급청구권을 포기할 수 없도록 하는 규정은 독일저작권법 제27조 제1항[74]에서 새롭게 규정되었다.

독일에서 대여권을 금지청구권으로 보는 법률적·경제적 의미는 다음의 두 가지 측면에서 판단해 볼 수 있다.[75] 첫째는 저작물 거래

---

70) Richtlinie 92/100/EWG des Rates der Europaischen Gemeinschaften vom 19. November 1992 zum Vermietrecht und Verleihrecht sowie zu bestimmten dem Urheberrecht verwandten Schutzrechten im Bereich des geistigen Eigentums, Marcel Schulz, a.a.O., Band2. S.1144ff.

71) Richtlinie 91/250/EWG des Rates der Europaischen Gemeinschaften vom 14. Mai 1991 uber den Rechtsschutz von Computerprogrammen, Schulz, a.a.O., S.1141.

72) TRIPs협정 제11조 참조. 제11조 대여권 적어도 컴퓨터프로그램과 영상저작물에 관하여, 회원국은 저작자나 권리 승계인에게 그들의 저작권 작품의 원본 또는 복사본의 대중에 대한 상업적 대여를 허가 또는 금지 할 수 있는 권리를 부여한다. 회원국은 영상저작물에 관하여는 그러한 대여가 자기나라 저작자와 권리승계인에게 부여된 배타적인 복제권을 실질적으로 침해하는 저작물의 광범위한 복제를 초래하지 아니하는 경우, 이러한 의무에서 면제된다. 컴퓨터프로그램과 관련하여 이러한 의무는 프로그램 자체가 대여의 필수적인 대상이 아닌 경우에는 적용되지 아니한다.

73) Entwurf eines Dritten Gesetzes zur Anderung des Urheberrechtsgesetzes der Bundesregierung vom 23. September 1994(BR-Drucksache 876/94), Schulze, a.a.O., S.906.

74) 제27조(임대차 및 이용대차를 위한 보상) ① 저작자가 녹음물 혹은 녹화물상 대여권(제17조)을 음반제작자 혹은 영상제작자에게 부여하였다면, 임차인은 동시에 저작자에게 당해 임대차에 대한 적절한 보상을 지불하여야 한다. 위 보상청구권은 포기될 수 없다. 동 청구권은 관리단체에만 사전에 양도될 수 있다. § 27 [1]Vergütung für Vermietung und Verleihen1Hat der Urheber das Vermietrecht(§ 17) an einem Bild- oder Tonträger dem Tonträger- oder Filmhersteller eingeräumt, so hat der Vermieter gleichwohl dem Urheber eine angemessene Vergütung für die Vermietung zu zahlen. [2]Auf den Vergütungsanspruch kann nicht verzichtet werden. 3Er kann im voraus nur an eine Verwertungsgesellschaft abgetreten werden.

시에 대여권도 소진되어서 자신이 법률적인 처분을 한 것인가 하는 다툼이 생긴 경우이고, 둘째는 이로써 CD판매 시에 음반제작자의 지위 및 비디오 이용 시에 영화제작자의 지위를 강화시키는가 하는 점이다. 앞으로 제작자는 취득자에게 대여를 거절하거나 또는 시간적으로 제한을 가하거나 여타의 제한을 가하는 형태로 허락할 수 있는 권리를 가질 수 있다. 그리고 다른 한편으로는 판매 시나 대여 시에 정확한 이익획득의 평가를 통하여 더 효율적인 이용전략을 구사할 수 있다는 것이다. 대여금지청구권은 특히 비디오나 CD의 판매비율을 상승시킬 것이다. 따라서 독일에서 비디오가게는 저작권법 제27조에 따라 보상금을 지불해야 할 뿐만 아니라 대여권도 승인을 받아야 한다.

한편 미국에 있어서는 저작권법 제109조를 개정하면서 최초판매이론에 대한 예외로서 음반과 테이프 대여에 관한 것을 포함시켰다. 제109조 (b)(1)(A)는 다음과 같이 규정하고 있다.

> "(a)항의 규정에도 불구하고, 녹음물의 저작권자 또는 컴퓨터프로그램(테이프, 디스크 또는 기타 이러한 프로그램을 수록한 매체를 포함)의 저작권자, 그리고 녹음물의 경우에는 그것에 수록된 음악저작물의 저작권자로부터 권리를 부여받지 않는 한, 특정 음반의 소유자 또는 컴퓨터프로그램(테이프, 디스크 또는 기타 그와 같은 프로그램을 수록한 매체를 포함)의 특정 복제물을 소유한 자는 직접 또는 간접적으로 상업적 영리를 목적으로 이를 대여, 리스나 대출의 성질을 가진 기타 행위나 관행에 의하여 처분하거나 처분을 허락할 수 없다. 앞의 문장의 어느 것도 비영리 도서

75) Schricker/Loewenheim, a.a.O., §17, Rdnr. 27.

관이나 비영리 교육기관이 비영리 목적으로 음반을 임대하거나 대여하는 것에 대하여는 적용하지 아니한다. 비영리 교육기관이 다른 비영리 교육기관이나 교수, 직원 및 학생에게 합법적으로 제작된 컴퓨터프로그램의 소유권을 이전하는 것은 본항에 규정된 직접 또는 간접적인 상업적 목적을 위한 대여, 리스 또는 대출에 해당하지 아니한다."

이 규정은 레코드, 테이프, CD, 공테이프를 고객들에게 판매하고 고객들은 녹음장치를 이용하여 복제를 하도록 하는 레코드대여점을 명백하게 겨냥한 것이다. 대여를 하는 당사자가 비록 소유권을 가지고 있다고 할지라도 권리 없는 레코드 대여·배포는 저작권침해에 해당한다.

1990년 컴퓨터소프트웨어대여법률/Computer Software Rental Amendments Act of 1990/에서 의회는 제109조 (b)를 컴퓨터프로그램대여에까지 확장하였다.[76] 미하원보고서[77]에는 다음과 같은 내용이 있다.

"최초판매이론을 개혁하고자 하는 제안들은 쉽지도 않

76) 하원의원 발언에서 하원의원인 Kastenmeier는 '하드웨어와 소프트웨어의 재임차구매(purchase leasebacks of hardware and software)'에 관하여 다음과 같이 코멘트를 하였다. "거래가 판매인지 또는 대여인지 하는 문제는 전형적으로 주법(州法)의 문제이다. 컴퓨터산업은 포장되어 쉽게 구입할 수 있는 소프트웨어를 위한 이용허가권에서부터 컴퓨터본체를 위한 오랜 기간 동안 협상이 필요한 계약에 이르기까지 다양한 이용권허가 동의서를 사용한다. 의회는 상상할 수 있는 모든 사실에 관한 상황을 전하는 입법을 입안할 수 없다. 그러나 적법하게 이루어지고 있는 일상적인 제품에 관한 적법한 거래행위들을 방해해서는 안 된다. 이러한 일상적인 제품의 하나에 컴퓨터소프트웨어가 포함될 수 있다. 예를 들면 대부분의 소매가게는 제품구매에 대한 보답정책을 가지고 있다. 때때로 이러한 정책들은 재구매청구금액을 포함하고 있다. 소프트웨어가 이러한 정책 아래서 구매되는 곳에서는 대여나 리스가 존재하지 않는다. 반면에 가게가 구매 가격의 대부분으로 재구매하고 복제를 위해서 무료로 빈 디스켓을 제공한다면, 그러한 행동들이 간접적인 상업적 이익을 포함하는지 여부에 관한 문제가 발생한다." Cong. Rec. 13315(Oct. 27, 1990).

77) H.R. Rep. No.101-735, 101st Cong., 2d Sess.(1990).

고 논쟁이 없는 것도 아니다. 이러한 제안들은 법률적, 기술적 그리고 경제적 국면의 변화 속에서 일어난다. 종종 최초판매이론을 개정하려고 하는 요구는 저작권이 있는 저작물을 복제하는 새로운 기술의 발전과 상응하게 이루어진다. 기술의 발전은 가장 유연한 법률조차도 추월하는 습관을 가지고 있다. 대부분 저작권은 새로운 기술에 대한 반응이라고 할 수 있다. 그러나 기술의 발전은 저작권자에게는 이익과 해악의 두 가지를 가져온다. 여기서 이익이라고 하는 것은 기술의 발전이 창작과 배포의 새로운 방법들을 촉진해 왔다는 것이다. 해악이라고 하는 것은 기술의 발전이 저작권보호를 받는 저작물을 복제하는 방법을 싸고, 쉽고, 빠르게 이루어질 수 있도록 한다는 것이다. 많은 사건에서 사적이거나 반사적인 환경들로서 거의 보호가 불가능하게 되는 것이기 때문이다."

1984년에 의회는 레코드 대여사업이 레코드 산업 전체를 위협할 것이라고 보았다. 레코드복제물은 '다른 레코드를 구매하지 말라'고 장려하는 광고와 연결되어 적은 비용으로 대여되고 있었다. 의회는 직접적이든 간접적이든 상업적인 이익을 목적으로 하는 음반대여업을 금지시키도록 반응하였다.

또한 의회는 컴퓨터소프트웨어대여업도 1990년대에 들어서면서 심각하게 소프트웨어산업을 위협하고 있다고 보았다. 실제로 어떤 면에서는 레코드대여업이 레코드산업을 위협하여[78] 나타나는 손해보다 소프트웨어산업이 소프트웨어대여업의 침해로부터 받는 손해가 훨씬 더

78) Bruce P. Keller/Jeffrey P. Cunard, *Copyright Law*, Practising Law Institute, 2002, §9:12.2.

큰 것이었다. 즉 소프트웨어산업의 경우에는 그 가격불균등이라고 하는 것은 레코드산업의 경우에 비할 바가 안 되었다. 예를 들어 495불에 판매하는 소프트웨어를 단지 35불이면 대여가 가능한 것이다. 그리고 연예상품이라고 할 수 있는 레코드와는 달리 소프트웨어는 전형적인 공익적인 제품이다. 대부분의 경우에 소프트웨어의 단기대여는 소프트웨어가 의도한 목적과 불일치하는 경우가 많다. 소프트웨어의 대여는 필시 불법복제를 부추길 것이고 저작권자의 투자에 대한 회수를 박탈할 것이며, 이로 인하여 새로운 제품의 창작 의욕을 잃게 할 것이다.

그러나 자동차를 포함한 많은 제조품에는 쉽게 복제될 수 없는 저장된 컴퓨터프로그램과 마이크로프로세서가 있고, 그리고 이와 같은 제조품의 대여사업은 적법하다는 것을 인식하고서 의회는 예외규정을 다음과 같이 덧붙였다.

> (B) 본항은 다음 각 호의 경우에는 적용하지 않는다.
> (i) 기계나 제작물에 구체화된 컴퓨터프로그램이 그러한 기계나 제작물을 통상 작동하거나 이용하는 동안에 복제될 수 없는 경우
> (ii) 또는 컴퓨터프로그램이 비디오게임용으로 제작되었거나 다른 용도로 제작이 가능한 제한된 용도의 컴퓨터에 입력되었거나, 이러한 컴퓨터에 접속하여 이용될 수 있는 경우[79)]

구체적으로 설명하면 자동차나 계산기 그리고 다른 소비적인 전자

79) (B) This subsection does not apply to— (i) a computer program which is embodied in a machine or product and which cannot be copied during the ordinary operation or use of the machine or product; or (ii) a computer program embodied in or used in conjunction with a limited purpose computer that is designed for playing video games and may be designed for other purposes.

제품들은 컴퓨터프로그램을 저장하고 있지만, 이러한 컴퓨터프로그램들은 정상적인 작동을 하는 동안에는 소비자에 의해서 복제될 수 없다. 기계나 제작물의 대여는 이용목적을 위한 대여이지 기계나 제작물에 내재된 컴퓨터프로그램을 복제하기 위하여 하는 것이 아니기 때문에 면책의 시금석이 된다.[80)]

그리고 TRIPs협정 제11조에서도 "적어도 컴퓨터프로그램과 영상저작물에 관하여 회원국은 저작권자나 권리승계인에게 그들의 저작물의 원본 또는 복제물의 대중에 대한 상업적 대여를 허가 또는 금지시킬 수 있는 권리를 부여한다. 이러한 대여가 자기나라 저작권자와 그 권리승계인에게 부여된 배타적 복제권을 실질적으로 침해하는 저작물의 광범위한 복제를 초래하지 아니하는 경우 이러한 의무에서 면제된다. 컴퓨터프로그램과 관련하여 이러한 의무는 프로그램 자체가 대여의 필수적인 대상이 아닌 경우에는 적용되지 아니한다"라고 규정하여 대여권/Rental rights/에 관하여 언급하고 있다.[81)]

이러한 대여권은 권리소진원칙과 불가분의 관계를 가진다. 일단 최초 판매가 이루어지면 저작권자의 배포권이 소진되기 때문에 적법한 양수인은 이를 재판매하거나 다른 방법으로 처분할 수 있으므로 논리적으로 권리소진원칙과 대립되는 개념이라고 할 수 있다. 그러나 문화환경의 변화와 기술의 발전 및 대여점의 증가는 음반의 상업적인 대여와 이를 불법적으로 복제하는 현상을 증가시키고, 저작권자의 복제권과 배포권을 직접적으로 침해한다. 따라서 이에 대한 저작권자의 보호책이 필요하게 되었고 대여권이라는 새로운 권리를 생각하게 된 것이다.[82)]

80) H.R. Rep. No.101-735, 101st Cong., 2d Sess.(1990).
81) 박문석, 전게서, 543면 이하 참조.
82) 김성준, 「WTO법의 형성과 전망」, 삼성출판사, 1996, 370면 이하.

2) 대여의 개념

현행 저작권법은 제2조 제23호에서 배포의 개념을 "저작물 등의 원본 또는 그 복제물을 공중에게 대가를 받거나 받지 아니하고 양도 또는 대여하는 것을 말한다"라고 정의하면서 대여를 배포의 개념 속에 포함시키고 있다. 그리고 같은 법 제21조에서는 판매용 음반에 대해서는 대여를 허락할 권리를 저작권자가 가진다고 하면서 다시 대여라는 용어를 이용하고 있지만 대여가 무엇인지에 대해서는 정의를 내리지 않고 있다.

다만 대여를 배포의 한 태양으로 보고 있는 것임에는 틀림없다. 대여권의 내용으로서 제21조에서 판매용 음반과 판매용 컴퓨터 프로그램을 영리를 목적으로 대여를 허락할 권리를 가지도록 하고 있다. 즉 대여권의 대상은 음반과 컴퓨터프로그램으로서 판매용이어야 하고 영리를 목적으로 하여야 한다는 것을 알 수 있다. 다만 대여라는 말에서 느낄 수 있듯이 시간적으로 영구히 음반을 처분할 권리를 부여한다는 것은 아니며, 시간적으로 제한된 의미를 가진다.

독일 저작권법의 제17조 제3항에서 비교적 뚜렷한 대여권에 관한 정의를 내리고 있다.

> ③ 본법의 조항에서 대여란 시간상 제한되며, 직·간접적으로 영리 목적에 이바지하는 이용권한을 넘겨주는 것이다. 다음 각 호에서 원본이나 복제물을 넘겨주는 것은 대여로서 효력이 없다.
>
> 1. 건축저작물 또는 응용미술저작물의 원본이나 복제물
> 2. 근로 혹은 고용관계의 범위에서 동 관계로부터의 의무

를 이행하기 위하여 이용되기만을 위한 목적상 원본 혹은 복제물[83]

위 법조문에서 알 수 있다시피 대여란 시간적으로 제한이 되며, 직접적이든 간접적이든 영리에 이바지하는 목적으로 이용할 수 있도록 인도하는 것이라는 것이다. 우리 저작권법을 해석함에 있어서도 달리 해석할 필요성을 느끼지 못한다. 대여라는 말 속에 이미 시간적으로 한정되고 인도를 필요로 하며, 영업적인 요소가 있어야 한다는 것이 내재되어 있다고 할 수 있기 때문이다.

독일 저작권법 제17조 제3항에서 말하는 대여의 의미는 독일 저작권법 전체에 대해서 적용된다. 즉 이러한 대여의 정의는 제27조와 제69조의 c 제3호에서도 적용된다. 반면에 우리의 경우는 이러한 일반적인 대여권을 인정하지 않고 다만 판매용 음반과 판매용 컴퓨터프로그램에만 적용하고 있다. 독일의 경우도 컴퓨터프로그램에 대한 대여권은 물론 제69조의 c 제3호에 따라 판단을 내리지 제17조에 따라 판단을 내리는 것은 아니다. 대여개념의 해석 시에 주의하여야 할 점은 비록 법률적으로 다르게 형성된 행위라고 할지라도 경제적으로 보아 대여의 목적을 달성할 수 있다면 대여의 개념에 포섭될 수 있다는 것이다.

이하에서는 대여권의 성립요건을 분설하고자 한다. 그 요건은 크게 보아 다음과 같이 두 가지로 나눌 수 있다. 첫째는 시간적으로 제한하여 이용을 위한 인도를 하여야 한다는 것이고, 둘째는 직접적이든 간

---

83) (3) [1]Vermietung im Sinne der Vorschriften dieses Gesetzes ist die zeitlich begrenzte, unmittelbar oder mittelbar Erwerbszwecken dienende Gebrauchsüberlassung. [2]Als Vermietung gilt jedoch nicht die Überlassung von Originalen oder Vervielfältigungsstücken
1.von Bauwerken und Werken der angewandten Kunst oder
2.im Rahmen eines Arbeits- oder Dienstverhältnisses zu dem ausschließlichen Zweck, bei der Erfüllung von Verpflichtungen aus dem Arbeits- oder Dienstverhältnis benutzt zu werden.

접적이든 영리의 목적에 이바지하여야 한다는 점이다. 그런데 독일에서는 이러한 대여권의 요건에 관해서 특정한 경우에 예외를 인정하고 있다. 그것은 앞서 조문을 소개한 바와 같이 건축저작물과 응용예술저작물 및 근로관계 또는 고용관계의 범위 내에서 특정 이용을 위한 인도가 이루어진 경우이다.

(1) 이용을 위한 인도

이용을 위한 인도가 존재하는지 여부는 단지 법률적 형태만을 보고 판단하는 것이 아니라, 합의의 목적이 경제적인가 여부에 따라서 판단을 하여야 한다.[84] 다시 말하면 현행 민법 제618조[85] 이하에서 말하는 임대차 관계가 존재할 필요가 없다.[86] 예컨대 클럽 형태의 비디오 가게나 CD 대여점에서 또는 이와 비슷한 민사적 형태로 된 업체에서 대여권을 면제받기 위하여 조직을 전환하려는 경우에도 이용을 위한 인도는 중요한 문제이다.[87] 이용을 위한 인도라고 하는 것은 제한을 받지 않고 저작물 이용이 반복적으로 가능하다는 것이 특징이다. 이러한 경우 복제물의 판매는 사실상 중지되는 결과를 가져온다. 즉 저작권자의 경제적 수익에 심대한 영향을 끼치게 된다. 이러한 상황은 열람만 되는 이용, 즉 현지에서 이용해야 되는 경우/Präsenznutzung/, 특히 대출이 되지 아니하는 도서관/Präsenzbibliotheken/에서도 나타난다. 그러나 대여와 공공대출에 관한 유럽지침의 입법자는 현장에서 열람을 위한

84) 고명식, '컴퓨터프로그램의 보호에 관한 법리', 「재산법연구」, 제15권 제1호, 1998, 94~95면.
85) 제618조(임대차의 의의) 임대차는 당사자 일방이 상대방에게 목적물을 이용, 수익하게 할 것을 약정하고 상대방이 이에 대하여 차임을 지급할 것을 약정함으로써 그 효력이 생긴다.
86) BGH GRUR 1989, 417, 418-Kauf mit Ruckgaberecht;Schulze, a.a.O., S.906.
87) a.a.O.

인도는 대여로 간주되어서는 안 된다는 표현을 하고 있다. 이러한 것은 독일저작권법 제17조 제3항의 입법이유서에서도 강조되고 있는 바와 같이, 대여개념의 해석 시에 고려되어야 하는 것이다. 따라서 현지 이용은 제17조 제3항에서 말하는 대여로 간주되지 않는다. 동일한 이유로 공개적인 전시 또는 방송을 위한 음반, 영화필름의 인도 및 전시 목적으로 하는 인도도 독일저작권법상으로 볼 때에는 제17조 제3항에 포섭되지 않는다.

이용을 위한 인도 시에 유체적인 저작물의 인도가 중요한 문제이다.[88] 이것은 대여권이 배포권의 한 요소라는 결론에서 나온다. 앞에서도 언급한 바와 같이 배포권은 유체적인 저작물에만 적용되기 때문이다. 따라서 저작물을 온라인/On-line/으로 전송하는 것은 대여가 아니다.

이용을 위한 인도는 시간적으로 제한/zeitlich begrenzte Gebrauchüberlassung/되어야 한다.[89] 계속적인 이용을 위한 인도, 예컨대 소유권이전을 목적으로 하는 인도는 대여라고 할 수 없다.

(2) 영리목적

이용을 위한 인도는 직접적이든 간접적이든 영리목적/unmittelbarem oder mittelbarem wirtschaftlichen oder kommerziellen Nutzen/에 이바지하여야 한다. 이 기준은 독일저작권법 제27조 제2항[90] 2문의 대출과 대여의 차이점을 나타

88) 송영식/이상정, 「지적재산법」, 235면.

89) Richtlinie 92/100/EWG des Rates der Europaischen Gemeinschaften vom 19. November 1992 zum Vermietrecht und Verleihrecht sowie zu bestimmten dem Urheberrecht verwandten Schutzrechten im Bereich des geistigen Eigentums, Art. 1 (2) 참조. Schulz, a.a.O., S.1147.

90) ②제17조제2항에 따라 재배포가 허용되는 저작물의 원본 혹은 복제본의 사용대차에 대하여 저작자에게 적절한 보상이 지급되어야 하는 것은, 당해 원본이나 복제본이 공중이 접근할 수 있는 시설(대본소 혹은 녹음물 또는 녹화물이나 여타 원본이나 복제본의 수집소)을 통하여 대출되는 경우이다. 위 제1문에 따른 사용대차는 시간적으로 제한된, 직접·간접적으

내는 것이다. 독일의 경우 입법자는 '직접적이든 간접적이든'이라는 개념을 인정하고 한계선상에 있는 사실과 영리목적을 우회하고자 하는 요건사실들을 포함시키기 위하여 넓은 해석을 선택했다. 이러한 넓은 해석에 따르면 저작물의 이용을 위한 인도가 대여자의 경제적 이익에 기여한다면 영리목적이 존재한다고 본다.[91] 우리 저작권법의 제21조의 해석에 있어서도 '영리목적'은 대여권의 핵심적 요건이라고 말할 수 있다. 보통, 이용을 위한 인도는 영업의 목적으로 영업이라는 경제적 행위 범위 내에서 일어난다. 예컨대 비디오 대여점이나 독서 클럽과 같은 것이다. 영업적이지 않은 이용을 위한 인도도 영리목적을 배제시키지 않는다. 예컨대 공장의 도서관도 간접적으로는 영리목적에 기여한다.[92] 그러나 독일의 입법자는 유럽공동체위원회의 지침제안서의 기초에 따라 공장의 도서관활동을 대여로 평가하지 않는다. 따라서 공장 도서관에서 이루어진 것은 대여로 간주되지 않는다. 즉 독일 저작권법 제17조 제3항 2호의 예외규정에 포섭되지 않는다. 또한 영업소 그리고 대기실의 신문과 잡지의 진열은 영업목적에 기여한다.[93] 그러나 진열은 의무적으로 허락을 받고 이루어져야 하는 것은 아니다. 이러한 것은 현장에서 열람을 위한 인도로 간주되어야 한다. 이러한 인도는 이용을 위한 인도의 개념에 속하지 않는다.

로 영리의 목적에 이바지하지 않는 사용권한을 넘겨주는 것이다. 제17조 제3항 2문이 준용된다.

(2) [1]Für das Verleihen von Originalen oder Vervielfältigungsstücken eines Werkes, deren Weiterverbreitung nach § 17 Abs. 2 zulässig ist, ist dem Urheber eine angemessene Vergütung zu zahlen, wenn die Originale oder Vervielfältigungsstücke durch eine der Öffentlichkeit zugängliche Einrichtung(Bücherei, Sammlung von Bild- oder Tonträgern oder anderer Originale oder Vervielfältigungsstücke) verliehen werden. [2]Verleihen im Sinne von Satz 1 ist die zeitlich begrenzte, weder unmittelbar noch mittelbar Erwerbszwecken dienende Gebrauchsüberlassung; § 17 Abs. 3 Satz 2 findet entsprechende Anwendung.

91) BGH GRUR 1972, 617, 618-Werkbücherei.

92) a.a.O.;Schulze, a.a.O., S.907.

93) OLG Munchen 1979, 546, 548-Zeitchriftenauslage.

독일 저작권법 제17조 제3항 제3호에 따르면 건축저작물 또는 응용예술저작물의 원본 또는 그 복제물의 인도는 대여로 간주되지 않는다. 이러한 규정은 유럽 대여권과 대출권지침 제2조 제3항에 상응하는 것이고, 전시된 건축저작물의 대여 시에 응용예술저작물 중 객체의 이용가치가 중심에 서 있다는 사정을 고려해야 하기 때문이다.

마찬가지로 근로관계 또는 고용관계의 영역에서 원본 혹은 복제물에 대한 인도가 근로 또는 고용관계라는 목적에 이용될 경우에는 대여로 간주되지 않는다. 여기서 말하는 근로관계 또는 고용관계의 의미에 대해서는 넓게 해석하여야 한다.

5. 정리 및 검토

본 장에서 간략하나마 권리소진이론을 규정하고 있는 저작권법 제20조 단서의 의미를 살펴보았다. 권리소진이론은 약 100여년 이상의 역사를 가지고 있지만 지식재산권법, 특히 저작권법에서는 중요하고도 역동성을 가진 법률문제라고 할 수 있다. 권리소진은 배포권에만 적용되고 다른 저작권의 내용에도 미치는 일반적인 권리소진이론은 정립되지 않고 있다. 기술의 발전, 특히 복제기술의 발전이 빠르게 이루어지고 창작자들의 문화적인 욕구뿐만 아니라 경제적 욕구가 중요시되는 현대사회에 있어서는 권리소진이론의 재조명이 요구되고 있다. 아날로그 시대에서 디지털 시대로 이행되고 온라인을 통한 거래가 활성화되며 전 세계 시장이 시간적으로나 공간적으로 점점 짧아지고 좁아지고 있는 현 시점에서 그 필요성은 더욱 커지고 있다.[94]

그러나 한 가지 아쉬운 점은 우리의 저작권법과 관련하여 구체적

94) 유지혜, 권리소진원칙의 해석에 관한 연구, 박사학위논문(강원대), 2014 참조.

사건을 통해 저작권법 제20조를 우리 법원이 어떻게 바라보고 있는가를 알 수 없다는 점이다. 최근 학위 논문이나 지식재산권법 전반에 걸친 권리소진이론에 관한 연구가 차차 이루어지고 있다. 특히 디지털환경과 관련하여 많은 연구가 조금씩 행해지고 있다. 앞으로 보다 더 구체적인 연구가 많이 이루어지리라 기대하고 위에서 논의한 점을 테제 형태로 정리하고자 한다.

1) 우리 저작권법 제20조 단서에서는 권리소진이론을 규정하고 있고 제21조에서는 판매용 음반 및 판매용 프로그램의 대여권에 관해서 규정하고 있다.
2) 독일의 경우 이미 제국법원시절에 배포권에 기하여 가격을 정하고 그 가격 이하로 판매하는 것을 금지시킨 행위를 배포권을 한 번 행사하였다는 이유로 받아들이지 아니하여 권리소진의 법리를 형성한 바 있다.
3) 이후 독일은 독일연방법원과 저작권법의 입법을 통하여 이러한 법리를 구체화하여 제17조로 조문화하였고, 컴퓨터프로그램에 대해서도 규정을 하게 되었다.
4) 미국의 경우도 초기의 판례에 나타난 법리를 그대로 입법화하였고, 시대상황의 변화에 대응하기 위하여 판매용 음반과 컴퓨터프로그램에 관하여 대여권을 인정하게 이르렀고,
5) 우리 저작권법 제20조 단서에서 기존의 독일이나 미국의 법리를 수용하고 있다. 즉 권리소진, 배포권이 소진되는 요건은 원작품 또는 복제물을 권리자의 동의를 얻어 거래에 제공하여야 하며, 이러한 경우에는 저작권자

는 더 이상 거래의 진행과정에 개입할 수 없다.

6) 여기서 우리는 소유권과 저작권이 충돌한다는 것을 알 수 있고, 일견 저작권이 제한을 받는다는 것을 알 수 있다.

7) 권리소진이론이 정당화되는 이유는 거래보장과 저작권자에게 경제적 보상을 해줄 수 있는 기회가 부여되기 때문이다.

8) 우리 저작권법 문언에 나타난 권리소진의 요건 중 '판매의 방법으로'라는 문언의 정확한 표현은 '양도의 방법으로'이다. 저작물에 관해서 최종적인 처분가능성의 이전 여부로 결정하여야 하기 때문이다. 오해의 소지가 많은 문구이다.

9) 권리소진이론이 원래 현재의 상황 하에서는 배포권과 관련이 있으므로, 배포권과 관련하여 규정하는 것이 일관적 내지 논리적이지 않을까 하는 생각을 해본다. 즉 저작권법 제20조에 이어서 아니면 제20조 속에서 규정하는 것이 옳은 방법이라고 생각한다.

10) 권리소진이론은 영업용 음반과 컴퓨터프로그램의 경우에는 예외를 인정하고 있다. 이는 기술 특히 복제기술의 발전에 따라 저작권이 침해당하는 것을 예방하기 위한 첫 조치라고 할 수 있다.

저작물에의 접근권

제6장

우리 저작권법에는 아직 도입하고 있지 않은 권리인 '저작자의 저작물 접근권'[1)]이 저작권과 소유권과의 관계를 비교적 쉽게 이해할 수 있는 한 예라고 생각된다. 이 권리는 저작물이 어떤 매개체에 고정되어 있는 경우, 이 저작물이 화체되어 있는 매개체에 대한 소유권 내지 점유권을 취득한 자와 이 저작물의 저작자 사이에 발생될 수 있는 법률관계를 비교적 선명하게 나타내 주는 제도 중 하나라고 생각된다.

아직 우리에게는 생소한 제도이기 때문에 다소 조심스러운 면이 없지 않지만, 저작권법의 비교법적인 측면에서 앞으로 우리 저작권법을 개정할 때에 참고할 수 있고, 또한 실무상으로도 발생될 수 있는 문제이기 때문에 접근권에 관해 시론적으로 소개하고자 한다.

우선, 독일 저작권법 제25조에 규정된 접근권의 의미와 연혁, 요건 등을 중심으로 살펴보고 마지막에 기존의 소개하였던 것을 정리하는 내용으로 구성하고자 한다.

1) 본고에서 이야기하고 있는 '저작물 접근권'은 우리 저작권법 제124조 제2항의 기술적 보호조치 무력화장치의 제조행위와 관련된 접근통제와는 그 사안이 다르다고 판단된다. 독일 저작권법에 규정되어 있는 저작물 접근권의 주체는 저작자가 자신이 창작한 저작물에 자신이 접근하여 복제물을 만드는 것을 의미하고, 접근통제는 이용자가 주체가 되어 저작자의 저작물에 접근하는 것을 기술적으로 통제하는 것이기 때문에 그 입법취지나 내용이 다르다고 말할 수 있다. 오승종, 저작권법(2007) 1332 - 1334면 참조.

1. 의의

독일 저작권법 제25조[2)]에서는 저작자 자신이 창작한 저작물에 대한 접근권을 규정하고 있다.

> ① 저작자는 자신의 저작물의 원본 혹은 복제물의 점유자로부터 동인의 정당한 이익이 침해되지 아니하는 범위에서 복제물의 제작이나 저작물의 개작에 필요한 경우, 위 원본 혹은 복제물을 자신에게 접근시킬 것을 요구할 수 있다.
>
> ② 위 점유자는 원본 혹은 복제물을 저작자에게 교부할 의무는 없다.

독일과 인접하고 있는 스위스의 저작권법 제14조[3)]에도 이와 비슷한 규정이 있다.

2) § 25 Zugang zu Werkstücken (1) Der Urheber kann vom Besitzer des Originals oder eines Vervielfältigungsstückes seines Werkes verlangen, daß er ihm das Original oder das Vervielfältigungsstück zugänglich macht, soweit dies zur Herstellung von Vervielfältigungsstücken oder Bearbeitungen des Werkes erforderlich ist und nicht berechtigte Interessen des Besitzers entgegenstehen.
(2) Der Besitzer ist nicht verpflichtet, das Original oder das Vervielfältigungsstück dem Urheber herauszugeben.

3) Art. 14 Zutritts- und Ausstellungsrecht des Urhebers oder der Urheberin
1 Wer ein Werkexemplar zu Eigentum hat oder besitzt, muss es dem Urheber oder der Urheberin so weit zugänglich machen, als dies zur Ausübung des Urheberrechts erforderlich ist und kein berechtigtes eigenes Interesse entgegensteht.
2 Der Urheber oder die Urheberin kann die Überlassung eines Werkexemplars zur Ausstellung im Inland verlangen, sofern ein überwiegendes Interesse nachgewiesen wird.
3 Die Herausgabe kann von der Leistung einer Sicherheit für die unversehrte Rückgabe des Werkexemplars abhängig gemacht werden. Kann das Werkexemplar nicht unversehrt zurückgegeben werden, so haftet der Urheber oder die Urheberin auch ohne Verschulden.

제14조 저작자의 접근권과 전시권

1. 저작물을 소유하거나 점유하고 있는 자는 저작자에게 저작권을 행사하기 위하여 필요한 한도 내에서 그리고 자신의 정당한 이익과 양립되지 않는 범위 내에서 접근하도록 하여야 한다.

2. 저작자는 국내에서 전시를 위해서는 우월한 이익이 증명되는 한도 내에서 저작물의 인도를 청구할 수 있다.

3. 인도는 저작물이 훼손되지 않은 상태로 반환받기 위한 담보의 이행에 종속된다. 저작물이 훼손된 채로 반환될 수 있는 경우에는 저작자는 채무 없이 책임을 부담한다.

또한, 오스트리아 저작권법 제22조[4]에도 거의 비슷한 내용으로 저작자의 저작물에의 접근권을 보장하고 있다.

3. 저작물 점유자의 의무

§22 저작물 점유자는 저작물을 복제할 수 있도록 하기 위하여 필요한 범위 내에서 청구에 따라 저작자에게 저작물에 접근할 수 있도록 하여야 한다. 이 경우 저작자는 점유자의 이익을 이에 상응하게 고려하여야 한다. 점유자는 저작자에게 저작물을 제시된 목적에 맞게 인도할 의무가 없다. 점유자는 저작자에 대하여 저작물유지를 위해 배려할

4) 3. Pflichten des Besitzers eines Werkstückes.
§ 22. Der Besitzer eines Werkstückes hat es dem Urheber auf Verlangen zugänglich zu machen, soweit es notwendig ist, um das Werk vervielfältigen zu können; hiebei hat der Urheber die Interessen des Besitzers entsprechend zu berücksichtigen. Der Besitzer ist nicht verpflichtet, dem Urheber das Werkstück zu dem angeführten Zwecke herauszugeben; auch ist er dem Urheber gegenüber nicht verpflichtet, für die Erhaltung des Werkstückes zu sorgen.

의무도 없다.

저작물 접근권은 저작권의 내용 중에서 저작인격권과 관련된 것으로 보인다.[5] 접근권은 저작자의 저작물의 원본 또는 복제물의 소유자 또는 점유자에 대한 권리이다. 소유자나 점유자는 저작자가 자신의 저작물을 복제하거나 가공하기 위하여 저작물에 접근하도록 허용하는 것이다. 특히, 저작물 접근권은 저작자가 미술저작물 원본, 원고의 원본 등을 양도했거나 시효취득을 통하여 소유권을 상실한 경우에 필요하며 의지할 수 있는 권리이다.[6] 그러나 독일 저작권법 제25조에 따르면 점유자는 저작자에게 저작물을 인도해야 할 의무는 없다. 마찬가지로 저작자가 가지고 있는 전시권을 행사하기 위하여 점유자등에게 점유이전을 요구할 수도 없다.[7]

접근권을 무한정 인정하게 되면 저작물을 점유 내지 소유하고 있는 자의 반대이익이 손상 받을 수 있다. 예를 들어 미술저작물이 복제과정에서 손상되거나, 점유자나 소유자가 의뢰한 자신의 초상화인 경우 인격권을 침해할 위험도 있다. 만약 저작자가 저작물을 복제하기 위하여 주조공장에 저작물을 운반하여야 한다면, 저작자는 독일 민법 제811조 제2항[8]에 따라 운반의 비용 및 위험을 부담하여야 하고 충분한 담보를 제공하여야 한다.

5) Entwurf eines Gesetzes über Urheberrecht und verwandte Schutzrechte(Urheberrechtsgesetz) der Bundesregierung vom 23. März 1962 (BT-Drucksache IV/270).

6) Eugen Ulmer, Urheber- und Verlagsrecht, 3. Aufl., Springer, 1980, S. 221.

7) Ulrich Loewenheim, Handbuch des Urheberrechts, 2. Aufl., C.H. Beck, 2010, §17, Rdnr. 3.

8) §811 [제시장소; 위험 및 비용] ② 위험과 비용은 제시를 청구한 사람이 이를 부담한다. 점유자는 상대방이 점유자에게 비용을 미리 지급하고 위험에 대하여 담보를 제공할 때까지 제시를 거절할 수 있다. §811 [Vorleugungsort , Gefahr und Kosten] ② Die Gefahr und die Kosten hat derjenige zu tragen, welcher die Vorlegung verlangt. Der Besitzer kann die Vorlegung verweigern, bis ihm der andere Teil die Kosten vorschießt und wegen der Gefahr Sicherheit leistet.) 양창수 역, 전게서, 602-605면.

독일의 문헌[9]에 따르면 저작자가 접근권을 청구할 때에는 저작물의 점유자와 소유자 사이에 법정채권관계가 발생한다고 보고 있다. 접근권 행사 시점 이전에는 점유자에게 저작물의 유지·보존을 위한 의무가 부과되지 아니한다.

2. 취지

접근권의 취지는 저작물의 점유가 달라진다고 하더라도 저작권은 여전히 저작자에게 있으며, 점유가 달라짐으로써 발생할 수 있는 소유권과 저작권 사이의 긴장관계와 이익을 조정하려고 하는 것이다. 물권법상의 소유권 내지 점유권에 대한 특별규정으로서 저작권법에 접근권을 설정하여 저작자에게 저작물에 대한 물리적인 지배력이 없어졌을 때 저작자가 창작한 저작물의 원본 또는 복제물에 접근할 수 있도록 하는 것이다. 독일 저작권법의 접근권 조항은 저작자에게 인도청구권을 보장하는 것이 아니라, 창작자와 자신의 창작물 사이에 존재하는 정신적 유대를 유지시켜주기 위한 규정이다. 즉, 독일 입법자들은 저작물에의 접근권을 저작인격권에 가까운 권리라고 보고 있는 것이다.

3. 접근권의 연혁

1962년 3월 23일에 독일은 저작권법을 제정에 가까울 만큼 개정을 하였는데, 이전의 저작권법에는 저작자의 접근권에 관한 규정이 존재하지 않았다. 저작권법 개정시안에 나타난 저작물 접근권에 대한 의견을 중심으로 접근권의 연혁을 살펴보고자 한다.

9) Haimo Schack, Urheber- und Urhebervertragsrecht, 4. Aufl., Mohr Siebeck, 2007, Rdnr. 369.

그 당시 독일 입법자들은 저작권을 크게 저작인격권, 저작재산권 그리고 순수한 인격권적인 권능도 아니고, 그렇다고 저작재산권에도 포함시키기 힘든 권능을 따로 모아 저작자의 기타의 권리/Sonstige Rechte des Urhebers/라는 절로 별도로 규정하였다. 기타의 권리에는 '저작물 접근권/[§25, (Zugang zu Werkstücken)]/', '추급권/[§26, (Folgerecht)]/', '복제물 대여권/[§27, (Vermietung von Vervielfältigungsstücken)]/'이 포함되었다. 이후 저작물 접근권은 한 번도 개정되지 않았고 처음에 규정되었던 내용을 그대로 유지하고 있다.

1965년 개정 전의 독일저작권법에는 저작물 접근권에 관한 규정이 존재하지 않았기 때문에 저작자가 타인이 점유하고 있는 자신의 저작물에 접근할 수 없었다. 그러나 1951년 10월 26일에 독일연방대법원[10]은 이러한 규정이 없음에도 불구하고 인격권을 근거로 들어 저작자에게 접근권과 유사한 권리를 인정해 주었다. 위 판결의 사실관계와 판결요지를 소개하면 다음과 같다.

사실관계

피고는 1938년까지 교수로 재직하면서 폐외과영역에서 폐결핵 치료를 위해 새로운 방법을 도입했던 결핵병원의 주임의사였다. 다른 교수의 권유로 색인카드형식으로 진료결과를 기록하였다. 교수가 사망한 후에 원고가 원장으로 초빙을 받았다. 원고는 1945년 자신이 근무할 때까지 원장으로서 색인카드의 분리를 수행하였고 계속해서 발전시켰다. 이 색인카드에는 환자의 병력과 수술 전의 상태 내지 조사결과, 수술자체, 환자의 사후관찰에 관한 보고서 초록 등을 담고 있었다. 색인카드는 초기에는 병원의 외래 진료부에서 구상되어 도입되었지만,

10) NJW, BGH 1952, 661 - Anlage 1.

1943년부터는 개별과에서 이 업무를 수행하였다. 환자가 퇴원하고 나면 이 색인카드는 재검진등록을 위하여 외래 진료부에서 보관하였다.

원고는 이 기간 동안 자신이 행한 재검진을 학문에만 활용하기 위하여 색인카드의 인도와 확인을 구하는 소를 제기했다. 원고는 보충적으로 피고에게 원고가 구한 색인카드를 6개월간 학문적인 목적으로 활용할 수 있도록 원본 또는 복사본을 자신의 실무에 이용할 수 있도록 명하는 판결을 구했다.

제1심은 주위적 청구는 기각하면서 보충적 청구만 인정하였다. 원고는 부대항소/附帶抗訴/를 제기하면서 주위적 청구로는 피고에게 소유자로서 색인카드의 인도를 구했고, 보충적 청구로 피고에게 개별연도별로 카드를 자신에게 4주간씩 넘겨주는 것을 부과하는 판결을 구했다.

항소심은 부대항소를 기각하면서 소를 기각하였다.

상고심은 기각되었다.

판결요지

- 저작권법은 저작물의 점유자에게 저작권법의 권능을 행사하기 위하여 저작물에 접근할 수 있는 권리를 인정한다. 영속적인 인도는 요구될 수 없다.
- 보호자격이 있는 저작물에 대한 저작권은 위임, 근무계약, 저작물계약에 의해 저작물제조의 의무가 있는 경우에라도 저작물 창작자 개인에게 발생한다. 완전히 종속적이고 독자적이며 보조적인 활동은 여기에서 고려되지 않는다.
- 병원에서 환자의 질병상태에 관하여 작성된 색인카드의 소유자는 인생관에 따라 카드의 제작이 누구를 위하여 작용하는지에 관하여 결정하여야 한다. 이때에 색인카드의 용도 내지 이용목

적이 중요하다.

그런데 독일의 1962년도 개정안에서는 저작자의 법정권리로서 저작물 접근권을 규정하였는데, 이는 저작자의 이익과 저작물 점유자의 이익이 적절하게 균형을 유지할 수 있도록 하는 접점을 정하고 있다. 즉 저작물의 원본 또는 복제물의 점유자는 저작자에게 복제물의 제조를 위해 또는 저작물의 가공을 위해 필요하면 저작자에게 접근할 수 있도록 하여야 할 의무가 있으며, 이는 점유자의 정당한 이익과 충돌되어서는 안 된다고 개정안 제1항에 규정하였다. 또한 점유자는 자신의 정당한 이익이 침해당할 우려가 있을 경우 예를 들어, 인격권과 관련하여 완성된 가족그림과 같은 것을 가공함으로써 점유자의 인격적 이익이 침해당할 우려가 있는 경우에는 저작물 접근을 거절할 수 있다. 마찬가지로 점유자는 저작자가 접근권을 행사할 때 저작자에게 유의해야 할 점을 청구할 수 있다. 또한, 제2항에서 저작물을 저작자에게 인도할 필요가 없다는 점을 명백하게 규정하고 있다.[11)]

그리고 개정안 제25조는 점유자에게 저작자를 고려해서 원본을 유지・보존하거나, 손상 또는 파괴되는 것을 방지할 의무를 지우고 있지는 않다. 예를 들어 그림의 저작자는 그림의 점유자가 그림에 덧칠을 가하여 왜곡시키는 것에 대해서는 개정안 제14조에 따라 이를 인용할 필요는 없다. 또한, 저작자는 점유자에게 그림에 대해서 특히 세심한 대우를 해달라고 요구할 수도 없다. 점유자는 단지 공공의 이익을 이유로 해서만, 예를 들어 문화재 보호와 같은 이유인 경우에만 일정한 의무를 부담한다.

11) BT – Drucksache IV/270.

4. 법적 성질

저작물 접근권의 법적 성질의 특성은 양도와 포기가 불가능하다는 점이다. 이는 저작인격권적인 특성을 가지기 때문이다. 독일의 입법자들은 접근권을 제정하면서 접근권의 성격을 저작인격권에 유사한 것으로 보았다. 그러나 저작자가 접근권을 행사할 때 제3자에게 대리할 수 있다. 예를 들어 사진을 찍기 위하여 사진작가에게 사진을 찍게 하거나 조수에게 위임하는 것은 가능하다. 이 경우 사진작가나 조수를 선택할 때에도 점유자의 정당한 이익을 고려하여야 한다. 접근권도 권리의 핵심범위와 관계되지 않는 한도에서는 이용허락의 대상이 될 수 있다는 것이 독일의 학설[12)]이다. 또한, 접근권은 저작인격권적인 법적인 성격 때문에 근본적으로 포기할 수 없다. 다만, 개별 사건에 있어서 포기의 범위가 정확하게 특정될 수 있는 구체적인 경우에만 포기가 허용된다. 건축가의 건축계획과 관련성이 있는 어떤 모형과 이와 동일한 것에 대한 청구권을 포기하였다고 하더라도 저작물 접근권에 대한 포기를 포함하지 않는다.[13)] 장래를 향한 일반적인 포기는 제외된다.[14)]

5. 요건

1) 주체 요건

저작물 접근권을 행사할 수 있는 사람은 저작자 내지 저작자의 권

12) Gerhard Schricker, Urheberrecht 3. Aufl., C.H. Beck, 2006, §25, Rdnr. 21.
13) OLG Hamburg Schulze OLGZ 174.
14) Schricker, a.a.O., Rdnr. 22.

리 승계인이다. 특히 공동저작자인 경우에는 저작권의 특별한 인격권적인 특징을 필요로 한다. 인격권적인 특징이라는 것은 저작권법상의 합유적 구속은 제8조 제2항에서 명시적으로 규정되어 있는 것과 같이 저작물의 변경, 공표와 사용을 제한하는 것을 말한다. 즉 재산법상의 합유규정을 준용하는 것을 뛰어넘어 이를 배제하는 것이다. 접근권의 관점에서 저작권의 일반규정에 따라야 한다는 것이 접근권에 대한 독일 학자들의 일반적인 견해라고 말할 수 있다.[15] 따라서 각 공동저작자는 개인적으로 그리고 다른 공동저작자와 독립하여 함께 창작한 저작물의 원본 또는 복제물에 접근하는 것을 청구할 수 있다. 이러한 규정은 결합저작물의 저작자에게도 준용된다. 2차적 저작물인 경우에는 원저작자와 2차적 저작자가 동일하게 그리고 서로 독립적으로 자신들의 저작물에 대해 창작적인 기여의 관점에서 접근을 청구할 수 있는 자격이 있다. 고용된 저작자에 대해서는 이 규정이 적용되지 않는다.

저작물의 접근권에 대한 청구권 행사의 상대방은 저작물의 점유자이다. 점유의 형태에 있어서 자주점유인지 타주점유인지 문제가 되지 않지만, 점유보조자는 접근청구권의 상대방이 아니다. 소유자의 양립하는 금지청구권에도 불구하고 또한 복제물 내지 원본의 점유자에 의한 접근보장에도 불구하고 사실상 물건에 대해서 지배력을 행사하는 사람/독일 민법 제854조[16]/은 저작물에 대한 접근을 보장할 의무가 있다. 저작자의 접근이익은 일반적으로 원본 또는 복제물의 점유자의 이익

15) Schricker, a.a.O., Rdnr. 8.

16) 제854조 [점유의 취득] ① 물건의 점유는 물건에 대하여 사실상의 실력을 획득함으로써 취득된다.
② 점유취득자가 물건에 대하여 실력을 행사할 수 있는 때에는, 종전의 점유자와 점유취득자의 합의만에 의하여 점유를 취득할 수 있다.
§ 854 Erwerb des Besitzes (1) Der Besitz einer Sache wird durch die Erlangung der tatsächlichen Gewalt über die Sache erworben. (2) Die Einigung des bisherigen Besitzers und des Erwerbers genügt zum Erwerb, wenn der Erwerber in der Lage ist, die Gewalt über die Sache auszuüben. 양창수, 전게서, 626-627면 참조.

에 앞설 수 없는 것으로 보인다.[17)]

2) 객관적 요건

물권적인 관점에서 바라보면 저작물 접근권의 대상은 보호를 받고 있는 모든 종류의 저작물 원본 또는 복제물로 제한된다.[18)] 따라서 기본적으로 독일저작권법 제2조 제1항에 규정되어 있지 않은 저작물유형을 포함하여 모든 저작물유형에 접근하는 것을 보장하는 것이다. 더 나아가 편집저작물, 데이터베이스, 컴퓨터프로그램, 학문적 저서 중 보호받고 있는 성과물, 사진저작물에 대한 접근도 보장된다. 그러나 제25조의 실무상 적용의 중점은 대개의 경우 미술저작물과 건축저작물이라고 말할 수 있다. 특히 주문/注文/에 의해 제조되는 저작물로서 종종 일품저작물의 형태로 존재하는 저작물의 경우에 접근권의 대상이 될 경우가 많다. 따라서 타인의 수중에 있는 저작물을 복제하여 제작하기 위해서 저작물창작과 관련된 계약 서류에 접근권 행사에 관한 것을 넣는 것은 가능하다. 저자가 수기로 작성한 저작물의 원본 또는 복제물이 여전히 제3자에게 존재하고 있다면 어문저작물이나 음악저작물에서도 접근권이 행사되어야 할 필요성이 있다. 원칙적으로 접근권 행사의 범위는 저작물 전체에 미친다. 그러나 이익형량이 필요할 때에는 예외적으로 저작권법상 보호되고 있는 저작물의 일부분에 제한될 수도 있고, 저작자가 점유하고 있지 않은 저작물의 일부분도 접근권의 대상이 된다. 예를 들면 실업계학교를 위한 역사책사건이다.[19)] 이 사건

17) Schricker, a.a.O., Rdnr. 9.

18) Wilhelm Nordemann/Axel Nordemann/Jan Bernd Nordemann, Urheberrecht, 10. Aufl., 2008, §25, Rdnr. 10.

19) OLG Düsseldorf GRUR 1969, 550, 551-Geschichtsbuch für Realschule.

은 독일 저작권법 제25조의 접근권과 가처분절차에서 접근권의 달성/만족/에 관한 사안이다.

사실관계

신청인은 다른 저자들과 함께 여러 책으로 구성된 역사저작물을 구상하였고, 상당 부분을 기술하였고, 피신청인 역시 함께 위 저작물을 발간하려고 하였다. 저자들은 역사저작물의 개별 책들을 서로 분할하였지만, 피신청인과는 내용뿐만 아니라 장식, 양식에 대해서 서로 협조가 이루어지지 않았다. 당사자가 다투었기 때문에 1960년부터 계획 및 작업을 하고 있던 저작물이 오늘날까지 발간되지 않았다. 저자들은 1968. 2. 5 에 계약서에 기재된 대로 더 이상 피신청인과는 협업을 포기하고 이미 교부된 초고의 반환가능성을 언급하면서 서면으로 통지하였다. 이에 피신청인은 1968. 2. 13 답변서에서 다음과 같이 통지하였다. “결별이 합의되었기 때문에, 저자들은 자신의 원고와도 다시 자유롭게 된다.”

저자들은 다른 출판사와 역사저작물에 관한 출판계약을 체결하였다. 신청인은 1968. 4. 1 까지 원고를 교부하여야 했다.

그런데 신청인은 피신청인에게 넘겨진 원고의 복제물을 손에 넣어야만 출판사에 원고를 넘겨줄 수 있었다. 신청인은 유대인과 도표에 관해서 구체적으로 묘사한 장이 없었다. 그 이유는 피신청인이 원고의 인도를 준비하지 않았기 때문이다. 이에 신청인이 가처분을 신청하였고, 위 가처분 명령이 송달 후 8일 이내에 복제물제작을 위하여 역사이전과 고대를 기술한 실업학교를 위한 역사저작물의 원고를 신청인에게 접근하도록 하라는 의무가 피신청인에게 부과되었다. 가처분 명령의 내용은 피신청인의 선택에 따라 신청인에게 자신의 영업소에 원고를 제시하든지 또는 신청인에 의해서 위탁된 법원집행관에게 복제물의 제작을 위한 원고를 인도하는 방법으로 하여야 한다는 것이며, 이 경우 법원집행관은 원고 복제물을 완성한 후에는 신청인에게 반환하여야 한다.

1968. 5. 8 에 선고된 판결에 의해 가처분은 인용되었다.

피신청인은 이 판결에 대해서 항소를 하였다. 항소 이유는 역사저작물을 작성하는 저작자 사이에는 공동저작자 관계가 성립하고 따라서 신청인은 적극적으로 소를 제기할 자격이 없다. 신청인은 필요한 경우 자신에게 부족한 부분적인 원고에 접근을 구할 수 있을 뿐이다. 다른 부분에의 접근권은 신청인은 가지고 있지 않다. 따라서 가처분 신청은 기각되어야 한다는 것이다. 그 이유는 가처분은 원고에게 완전한 만족을 가져다 줄 것이기 때문이다. 저작자는 단지 제25조에 따라 자신에게 복제물 제작을 위한 저작물을 처분하는 것을 구할 수 있고, 지방법원은 가처분으로서 신청인이 제25조에 따라 일반적으로 청구할 수 있는 모든 것을 승인하였다. 신청인과 공동저작자들은 계약을 통해 일방적으로 결별을 통지하였다. 이미 지급된 선부반환에 대한 심리는 아직 진행 중이다. 피신청인은 선불, 비용, 문장교정 등에 27,831마르크를 전체적으로 사용하였다. 따라서 피신청인은 원고 인도에 대한 청구권뿐만 아니라 접근권 그 자체에 대해서도 유치권을 주장할 수 있다. 피신청인의 비용반환청구권을 실현시키는 것은 아마도 피신청인이 이 강제수단을 상실하였다면 불가능하다. 피신청인은 다년간 법률상 다툼에 대한 자신의 청구권 때문에 비난받을 수 없다.

항소심은 판결로 지방법원의 가처분을 인용하였다.

판결요지

- 신청인의 접근권에 관한 판결은 1심 판결문에서 적절하게 표현하고 있다시피 신청인이 원고의 사용에 대한 기회를 상당히 제한받고 있다는 것 때문이다.
- 신청인의 제25조에 근거한 청구권 주장은 적극적으로 적법한 것이다. 신청인은 다른 저작자로부터 수권도 필요하지 않다. 그리고 신청인과 다른 저자들 사이에 제8조에서 말하는 공동저작자 관계라든지 저작물의 결합이 성립하지 않는다. 왜냐하면 제25조의 접근권은 각 저자에게 또는 공동저작자에게 독자적으로 귀속하고, 다른 저자들과는 이와 같은 방법으로 결합한다. 이것은 이 권리의 본질로부터 추출되는 것이다. 저작물에 대한 저작자의 접근권은 저작권법 제25조에서 법률적으로 규정되기 전에 이미 저작자의 양도할 수 없는 인격권으로 연역된 것으로서 판결[20]에 의하여 이미 인정을 받았다. 법률규정과 비교해도 전혀 내용의 변경이 없는 판결에 의한 정의에 따른다면, 접근권은 저작자에게 저작권법적인 권능의 행사를 가능하게 하는데 기여한다.
- 위의 사건에서 신청인의 접근권 행사는 자신에게 부족한 저작물의 일부에 제한된다. 왜냐하면 접근권은 저자를 통해서만 저작권법상의 권능행사가 가능해야 하는데, 이것은 권능의 행사를 위한 접근에 대한 필요성이 존재하는지 여부에 달려 있다.
- 신청인의 접근권은 현존하는 범위 내에서 대립되는 피신청인의 이익과 충돌해서는 안 된다. 물론 제25조에서 말하는 적법한 이익은 실체적인 이익이 아니고, 특히 유치권이 될 수 없다는 해석을 재판부는 따르지 않을 수 있다. 그런데 제25조를 해석할 때

20) BGH vom 26. Oktober 1951 in NJW 1952, 661.

에 어떤 다른 것이 생각된다. 여기서 말하는 이익은 일반적으로 정신적인 이익으로서 평가될 수 있을 것이다. 그러나 제25조는 법문에서 말하는 접근권에 대립될 수 있는 이익의 범위를 정신적인 이익에 한정하지 않는다. 따라서 재판부는 실체적 이익의 유지를 인정하지 않을 근거를 찾을 수 없다.

3) 행사요건

저작물의 원본 또는 복제물의 점유자는 저작자에게 저작물의 원본 또는 복제물에 접근시킬 의무가 있다. 저작권법 제25조 제2항의 명시적 규정에 의하면 접근권은 인도청구권의 근거가 되지 않는다. 따라서 시간적으로 제한된 직접점유의 제공은 기본적으로 필요한 것이 아니다.[21] 저작물 접근권은 시간, 공간, 객관적으로 필요한 범위 내에서 적당한 방법으로만 허용될 수 있다.

또한, 접근권 행사는 복제물 제작 또는 저작물의 가공이라는 접근권제도의 목적에 비추어보아 충분한 것이어야 하며, 다른 한편으로는 점유자의 정당한 이익도 보호되어야 한다. 저작자가 추구한 목적에 따라 구체적 개별 사건에서 사진관, 복제 장소, 주조공장으로 원본 또는 복제물을 운송할 필요성이 있을 수 있다. 그리고 복제물의 제작 또는 가공을 위하여 경우에 따라서는 점유자의 감독 하에 보조자를 참여시키는 것이 고려될 수 있다. 저작물 이송 비용과 원본 및 복제물에 대한 보험료를 저작자가 부담하여야 하며, 경우에 따라서는 미리 지불하여야 한다. 마찬가지로 원본을 분실하거나 손상시킨 경우에는 독일 민법 제811조 제2항을 유추적용하여 귀책사유의 여부에도 불구하고 손

21) BGH GRUR 1952, 257, 258 - Krankenhauskartei.

해배상 이행의 의무가 있다.

(1) 저작물의 복제 또는 가공을 위한 접근

독일 저작권법 제25조에 의하면 저작물 접근권을 행사하기 위한 요건으로서 복제물의 제조 또는 저작물을 가공하기 위해서 접근의 필요성이 있어야 한다.[22] 저작자가 추구하는 목적이 복제 또는 가공이라는 저작권법의 목적과는 다른 경우가 문제 된다. 예를 들어 해약된 건축가가 자신이 설계한 건축저작물을 단순히 관찰하기 위하여 또는 설계도에 맞게 짓고 있는지 알아보기 위하여 제25조를 근거로 접근하는 것은 허용될 수 없으며, 이 경우 건축주를 상대로 소송을 준비하기 위해서는 독일 저작권법 제14조[23]를 기반으로 하여야 한다.[24] 이러한 유형의 권리침해가 부수적으로 명백하다면 물론 사정이 다를 수 있다. 건축저작물이 생성되는 동안에는 경우에 따라서는 거절될 수 있다고 제25조에 명시되어 있다.[25] 그리고 저작물 접근권은 부작위청구권행사나 손해배상청구권 행사에는 전혀 기여하지 않는다. 위에서 언급한 건축가인 저작자는 점유자를 상대로 청구권이 자신에게 속하고 있는지 여부를 확인하기 위해서 저작물을 참작하여 독일민법 제809조[26]의 좁

---

22) Loewenheim, a.a.O., Rdnr. 6.

23) 제14조(저작물의 왜곡) 저작자는 저작물상 자신의 정당한 정신적 또는 인격적 이익을 해치게 하는 자신의 저작물에 대한 왜곡 혹은 여타 침해를 금지시킬 권리를 가진다. §14 Entstellung des Werkes Der Urheber hat das Recht, eine Entstellung oder eine andere Beeinträchtigung seines Werkes zu verbieten, die geeignet ist, seine berechtigten geistigen oder persönlichen Interessen am Werk zu gefährden.

24) Herbert Beigel, Urheberrecht des Architekten, Bauverlag, 1984, Rdnr. 150.

25) Fromm/Nordemann, a.a.O., Rdnr. 14.

26) § 809 [Besichtigung einer Sache] Wer gegen den Besitzer einer Sache einen Anspruch in Ansehung der Sache hat oder sich Gewissheit verschaffen will, ob ihm ein solcher Anspruch zusteht, kann, wenn die Besichtigung der Sache aus diesem Grunde für ihn von Interesse ist, verlangen, dass der Besitzer ihm die Sache zur Besichtigung vorlegt oder die Besichtigung gestattet. 제809조 [물건의 검

은 요건 하에 전시 또는 관찰을 청구할 수 있다.

(2) 필요성

독일 저작권법 제25조에서 말하는 필요성이라는 요건은[27] 저작자가 저작물에 접근하는 것이 거절되었거나 기대할 수 없는 경우를 말한다. 예를 들면, 저작자가 전혀 복제물을 점유하고 있지 않거나, 공공도서관, 미술관, 공개된 장소 등에서 자신의 저작물에 접근할 수 없는 경우이다. 또는 외국이나 도달할 수 없는 장소에 있는 경우에도 필요성이 있다고 말할 수 있다. 다른 복제물이 존재한다고 할지라도 청구권을 행사 받은 점유자의 수중에 표본이 있는 경우에도 보통 접근권 청구의 필요성이 있다고 본다. 건축저작물이나 미술저작물의 영역에서는 원본의 독자성과 의미 때문에 복제물을 자주점유하고 있음에도 불구하고, 저작자의 접근권 행사는 필요하다고 본다.[28] 예를 들면, 조각가가 자신의 조각품에 대해서 단지 사진만을 가지고 있는 경우이다. 저작자는 이익형량의 범위 내에서만 다른 점유자에게 지시를 할 수 있다.

독일 저작권법 제25조에서 말하는 복제의 의미는 저작물의 유형적인 고정으로 이해할 수 있다. 이때 유형적인 고정이 어떠한 방법과 유형으로 이루어졌는지는 상관없다. 이 규정이 기본적으로 인격권적인 특성을 가지기 때문에 접근이 요구될 수 있으며 저작자는 자신의 예술적 관념에 따라 복제의 절차를 결정할 수 있다. 저작자는 자신의 원저

새 물건에 관하여 청구권을 가진 사람 또는 자신이 그러한 청구권을 가지는지를 명확히 하고자 하는 사람은, 물건의 검사가 이러한 이유로 자신에게 이익이 되는 때에는, 물건의 점유자에 대하여 검사를 위하여 무건을 자신에게 제시할 것 또는 검사를 허용할 것을 청구할 수 있다. 양창수, 전게서, 602-603면.

27) Beigel, a.a.O., Rdnr. 153.

28) Fromm/Nordemann, a.a.O., Rdnr. 16.

작물을 그림으로 그리거나, 사진을 찍거나, 원조각품을 스케치하여 복제나 주조/鑄造/하거나, 총보/總譜/를 베끼거나 복사하는 것을 자유롭게 선택할 수 있다. 복제에 대한 제한은 점유자의 이익을 형량하여 점유자의 이익이 침해되지 않는 범위 내에서만 행사될 수 있다.

그리고 독일 저작권법 제25조에서 말하는 가공이란 접근이 허용된 저작물의 원본 또는 복제물을 제2차적 저작물로 작성할 수 있는 권리와 관련된 것이 아니다. 이럴 경우 소유권자 내지 점유권자의 권리와 충돌되기 때문이다. 제23조[29]에서 말하는 가공된 형태의 저작물을 복제물로 제작하는 것을 말한다. 예를 들면, 유화를 에칭/Etching/하는 것이다.

접근의 필요성에 대한 입증책임은 일반적인 증거법이 적용되며, 저작자가 본문의 규정에 따라 입증책임을 진다. 저작자가 복제물제조나 가공할 수 있는 다른 기대가능성이 없다는 것을 증명하여야 하고, 접근권을 행사하더라도 대개의 경우 입증 부담이 있기 때문에 성공되는 경우는 드물다. 따라서 접근권은 문서상의 권리에 지나지 않을 지도 모르겠다. 그러나 이러한 것은 입법자가 의도하지는 않았을 것이다. 한편 점유자는 바로 이 저작물을 이용하는 것이 반드시 필요하지 않다는 것을 입증하여야 한다. 즉 의심 내지 불명확성을 해결하여야 하는 자가 입증책임을 부담한다.

29) 제23조(개작 및 변형) 저작물의 개작물 혹은 여타 변형물은 개작 혹은 변형된 저작물 저작자의 동의가 있어야만 공표 혹은 이용될 수 있다. 저작물의 영화화, 미술저작물의 도표나 초안의 실시, 건축저작물의 모방 혹은 데이터베이스저작물의 개작이나 변형의 경우, 개작물 혹은 변형물의 제작에는 저작자의 동의를 요한다. § 23 Bearbeitungen und Umgestaltungen [1]Bearbeitungen oder andere Umgestaltungen des Werkes dürfen nur mit Einwilligung des Urhebers des bearbeiteten oder umgestalteten Werkes veröffentlicht oder verwertet werden. [2]Handelt es sich um eine Verfilmung des Werkes, um die Ausführung von Plänen und Entwürfen eines Werkes der bildenden Künste, um den Nachbau eines Werkes der Baukunst oder um die Bearbeitung oder Umgestaltung eines Datenbankwerkes, so bedarf bereits das Herstellen der Bearbeitung oder Umgestaltung der Einwilligung des Urhebers.

(3) 저작자와 점유자 사이의 이익형량

접근이 필요하다고 판단된다면, 저작자의 이익과 이와 반대되는 점유자의 정신적·실체적 이익을 형량하여야 한다.[30] 양자의 이익을 형량할 경우에 고려요소로서는 접근 시간·접근 공간·저작물의 상태 등이고, 접근에 대한 거절여부도 또한 중요한 고려요소이다. 저작자의 입장에서는 창작이라는 관점에서 저작물의 전체적인 창작의 정도와 의미가 중요한 역할을 한다. 그러나 어떤 경우이든 기한을 지키겠다는 약속은 적절하게 지켜져야 하고, 접근권 행사에 필요한 비용이 가능한 한 적게 들도록 하여야 한다는 점 등은 점유자의 이익으로서 고려되어야 한다.[31] 따라서 점유자는 시간적으로 적절하지 않다거나, 또는 질병을 이유로, 복제물을 제작하는데 드는 비용이 과다하다거나, 이사 등을 이유로 거절할 수 있고, 저작자에게 더 적합한 상황을 알아보라고 말할 수 있다. 또한, 원저작물의 현재 상태와 복제를 통해서 발생할 수 있는 위험 가능성, 예를 들어 저작물의 손상 또는 훼손, 분실과 같은 것은 접근 방법과 그 유형, 복제절차의 방법이나 그 유형에 영향을 미친다.

저작물 접근권을 행사하였을 경우 점유자나 소유자가 완전하게 거절하는 것은 이 권리가 기본적으로 저작인격권과 연관성을 가지고 있기 때문에 예외적으로만 허용된다. 점유자는 자신의 일반적 인격권을 근거로 하여 저작자의 접근권 행사를 거절할 수 있다. 이때 관련 저작물이 자신과 사적인 연관성이 있다는 것을 입증하거나 공표되지 않는 것을 조건으로 한다. 입법이유서에서 오로지 점유자를 위하여 개인적

30) Loewenheim, a.a.O., Rdnr. 8.
31) Schack, a.a.O., Rdnr. 368.

으로 제작된 저작물 사례인 경우, 저작자가 개인적인 기록물을 만들기 위하여 복제물을 만드는 것이라면 이를 거절하는 것은 정당하지 않다.[32] 다른 한편으로, 이미 공표된 미술저작물인 경우에는 접근권을 거절한다면 이는 저작자의 접근권 행사와 대립되는 것이라고 생각할 수 있다. 이에 반하여 대량생산품인 경우와 같이 저작물의 구입을 통해 취득이 가능하다면 점유자의 거절을 허용하는 것이 고려될 수 있다. 실체법상의 내용을 고려하더라도 점유자는 상황에 따라 접근을 거절할 수 있다. 예를 들어 저작자가 계약위반을 대비하기 위하여 접근을 구하는 경우이다. 저작자가 출판권자에게 유효하게 출판을 위임한 사건에서 출판계약침해를 이유로 접근을 구한 경우 출판권자는 저작자에게 원고/原稿/에 대한 접근을 거절할 수 있다. 독일 뒤셀도르프 항소법원[33]은 이에 반하여 구속력있는 출판계약이 없었다면, 경우에 따라서는 상환 가능한 인세선불에도 불구하고 출판사의 유치권을 근거로 저자에게 원고/原稿/에 접근권 행사를 거절하는 것을 부인하였다. 저작자와 점유자 사이에 접근권을 완전히 포기하지 않았다면, 접근권에 관한 계약상 합의가 분명히 있었다고 생각할 수 있다.

반면에 점유자의 이익이 우월하다는 것이 정당하다면 접근청구권은 거절될 수 있다. 제25조에 의한 청구권은 저작자가 이미 다른 점유자의 복제물에 접근하였고, 다른 특별한 사정이 없이 새로운 접근이 정당화될 수 있을 경우에도 거절될 수 있다.

저작물을 복제할 때에 저작물이 손상당할 염려가 있다면, 대개의 경우 저작물 완전성에 대한 점유자의 이익이 저작자의 복제물 제조에 대한 이익보다 우월하다. 독일 제국항소법원[34]은 특별한 경우로서 점

32) Ulmer, a.a.O.
33) OLG Düsseldorf GRUR 1969, 550, 551 - Geschichtsbuch für Realschulen.

유자에게 손상의 위험을 부담시킨 사건이 있었다. 그 이유는 저작자가 저작물 원본을 분실하였고 자신의 의사에 반하여 원본을 다른 사람이 시효취득을 통해 소유권을 취득하였기 때문이다. 법문에 따르면 저작물이 일품성이라는 점에 대한 점유자의 이익은 물론 저작자의 저작물에 대한 접근 이익보다 우월하다고 말할 수 없다.[35] 저작자가 저작물을 일품이거나 또는 한정판이라는 점을 증명하였다고 할지라도 저작자는 예술 상거래 관습에 상응하게 완성된 복제물로 복제하여야 한다. 그 밖의 경우 저작자가 자신의 저작물을 유사하게 제작하기 위해 접근권을 행사한다면, 점유자는 이를 용인하여야 한다. 저작자가 정신적 또는 실체적 이유를 근거로 자신의 저작물 접근권을 행사하는지의 여부는 중요하지 않다. 접근권을 정당화시키는 이익이 존재하고 있다는 입증책임은 저작물의 원본 또는 복제물의 점유자가 진다.[36]

6. 관련문제

1) 계약을 통한 합의

의심스러운 경우를 해소하기 위하여 계약을 통해 접근권에 관한 것을 확정해두는 것이 추천할 만하다. 통상의 경우 건축계약에서 건축가는 계약 종료 후에도 건축저작물 또는 건축시설을 건축주 동의하에 사진을 찍거나 또는 그 외의 기록을 해 두기 위해 접근할 권한을 가지고 있다. 계약상 합의를 하면 독일 저작권법 제2조 제1항 제4호[37]에

34) KG GRUR 1983, 507. 508 - Totenmaske II.

35) a.a.O.

36) Fromm/Nordemann, a.a.O., Rdnr. 21.

37) 4. Werke der bildenden Künste einschließlich der Werke der Baukunst und der angewandten Kunst

규정되어 있는 저작권법상의 보호자격과는 관계없이 모든 건축저작물에 대하여 제25조와는 별개로 적용된다는 장점을 가진다. 다른 한편, 계약의 존속에 구속된다는 점이 있고,[38] 당사자 사이에서만 효력이 있으며 건축저작물의 이후 취득자에 대해서는 이를 주장할 수 없다.[39]

2) 유지의무와 저작물파괴

저작권법으로 보호받고 있는 원저작물 또는 복제물에 대한 여타의 모든 점유권 또는 소유권은 제25조와는 상관이 없다. 제25조는 저작물 보존의무의 근거 규정이 아니고, 접근권이 장래에 주장될 수 있다는 점을 고려해서 기본적으로 저작물을 유지하여야 한다는 주장에 대한 근거조문도 아니다.[40] 그 밖에 다른 침해에 대해서는 저작자에게 권리남용금지를 주장할 수 있고, 미술저작물로서 최고의 가치를 가지고 있는 원본인 경우에 가장 극단적인 저작물침해의 형태인 저작물 파괴에 대해서 독일 저작권법 제14조와 관계가 있기 때문에 저작물의 원본 또는 복제물에 대한 접근권은 유지된다.[41]

7. 정리

아직 우리나라의 저작권법에는 저작물 접근권이라는 제도가 존재하지 않고 있다. 이 제도를 통해 저작권의 원형을 알 수 있고, 각국의

und Entwürfe solcher Werke;

38) OLGZ Hamburg Schulze OLGZ 174.

39) Schricker, a.a.O., Rdnr. 20.

40) Schricker, a.a.O., Rdnr. 23.

41) Fromm/Nordemann, a.a.O., Rdnr. 20.

문화, 창작, 법률적 환경에 따라 저작권법의 구체적인 규정들이 달라지고 저작권자의 법적 지위가 달라질 수 있음을 알 수 있다. 특히 이 제도를 통해 저작물 점유자 내지 소유자의 권익도 함께 보호하고자 절충점을 제시하고 있음을 알 수 있다. 저작자의 접근권 행사를 통해 저작물의 원본 또는 복제물의 점유자 내지 소유자의 권익이 부당하게 침해되는 것을 방지하기 위하여 여러 가지 장치를 해 두고 있다. 여기에서 우리는 또한, 저작권과 소유권 내지 점유권이 충돌되고 이를 예방하기 위해서 미리 정해둔 규정 중의 하나가 저작물 접근권이라는 것을 알 수 있다. 그런 점에서 저작물 접근권 제도는 저작권과 소유권 내지 점유권을 병행시켜 저작권의 본질을 알 수 있게 하는 제도라고 말할 수 있다. 따라서 우리나라에는 아직 존재하지 않은 제도이긴 하지만 저작물 접근권 제도를 신중하게 논의할 필요성은 존재한다고 본다.

아직 우리에게는 접근권을 행사할 수 있는 사례가 발견되지 않고 있다. 이러한 사례가 발생하였을 경우 참고가 될 수 있다고도 생각된다. 이 제도의 도입여부를 고려할 때 자신의 저작물을 보존·유지하려고 하는 저작자의 이익도 고려함으로써 사회 전체적으로 창작의욕을 고취시키는 간접적 효과도 함께 생각해 보아야 한다고 판단된다. 그런데 접근권이 주로 문제되는 경우는 이미 본문을 통해 알 수 있듯이 미술저작물과 같이 일품저작물인 경우가 대부분이라는 한계점은 가지고 있다. 즉 저작물의 그 수가 적을 때 주로 문제가 된다.

우리나라에서는 다른 저작물과는 달리 미술저작자에 대한 배려가 사회 전체적으로 부족하다고 생각된다. 최근에 미술경매시장이 활성화되는 듯이 보이다가 다시 주춤하고 있는데, 미술저작물과 관련된 제도가 전반적으로 약해 보인다. 이런 점을 고려할 때 저작물에 대한 접근권을 보장하는 것은, 미술저작자가 자신의 저작물에 대한 보완을 할 수 있는 기회를 제공하여 창작의욕을 제도적으로 보장한다고 말할 수 있다.

추급권 1)

제7장

1. 서언

최근에 우리나라에서 사회적으로 관심이 높은 것 중의 하나는 미술저작물 및 미술시장과 관련된 것이다. 경제적으로 부유해짐에 따라 개인들도 예술품, 특히 미술저작물의 개인적 소장을 원하고 있다. 이에 따라 미술시장은 급격한 성장[2])을 하고 있으며, 일부는 미술저작물을 예술적 관점보다는 재산의 증식 수단으로 보고 있기도 하다.

이렇게 미술시장이 커지고 사람들이 관심을 가지게 되는 것은 문화적인 관점에서 보자면 긍정적인 현상이라고 할 수 있다. 미술시장이 커진다는 것은 미술저작물에 대한 소비와 수요가 증가한다는 것이고, 이는 미술저작물에 대한 수요자들의 문화적 욕구를 해소하기 위하여 공급이 늘어날 기회가 증가하고 있다는 의미이다. 이는 다른 한편으로 미술저작자의 창작활동이 활발해질 수 있고, 그만큼 미술저작자에게 경제적 수익도 기대할 수 있다는 의미로 받아들일 수 있다.

사회적인 관점에서는 미술저작물에 대한 수요가 늘어난다는 것은 문화의 대중화가 이루어지고 있다는 것을 의미한다. 더군다나 미술저

1) 권안젤라, 미술저작자의 추급권 도입 방안에 관한 연구, 박사학위논문(경희대학교), 2011. 본 학위논문에는 추급권에 관한 비교법적 입장과 정책적인 면에 대해서 고찰되어 있다.
2) 한배선, "국내 미술시장, 5500억 규모로 컸다.", 매일경제, 2007. 7. 20.

작물의 경우 역사적으로 보면 소수만이 향유를 해 왔지만, 이제는 중산층도 미술저작물의 소유자가 될 수 있다는 점에서 미술저작물 시장의 잠재적인 성장가능성은 우리가 예상하는 것보다 더 클 수도 있다. 이렇게 문화의 대중화가 이루어지고 문화수요자들의 문화소비 욕구를 해소시켜주며, 이로 인한 문화시장의 성장 내지 확장을 통한 이익을 창출시키는 것과 같은 것은 결국 문화공급자인 예술인, 미술가 등이 예술창작 활동을 통하여 문화를 공급하고 있기 때문이다.

문화수요자들, 즉 대중은 문화에 대한 욕구를 해소시켜주는 것에 대한 감사의 마음[3)]으로 문화에 대한 수요를 통해서, 즉 음악회에 갈 때 음악회 입장권을 구입함으로써, 또는 소설책을 구입하는 것으로써, 미술저작물을 구매하는 것으로써 표시를 하고 있다. 이로 인해 문화공급자인 예술가나 미술가, 작가들은 자신의 정신적 노동행위인 문화 창작에 대한 보상을 받는다.

문제는 예술의 창작 분야에 따라 보상의 수준과 내용이 달라질 수 있다는 점이다. 예를 들면, 전통적인 창작자라고 할 수 있는 소설가나 시인, 작곡가 등은 자신의 저작물이 대중들에 의해서 계속적인 관심을 받고 있는 동안은 계속해서 경제적 과실인 수익을 누릴 수 있다. 소설책에 대한 관심이 출간된 후 10년이 지난 후에도 계속해서 있다면 문화소비자들은 계속해서 소설책을 구입을 할 것이고 소설가는 이에 따른 수입이 계속해서 보장된다. 그러나 미술저작물인 경우에는 사정이 다르다. 한 번 미술저작물 원본을 양도하고 나면 그 후에 미술저작물이 대중의 관심을 가지고 미술저작물의 가치가 증가되어 전전유통된다고 하더라도 작가에게 수입이 보장되는 것은 아니다. 미술이나 소설이 창작의 분야가 동일하지 않다고 하더라도 미술저작물의 저작자는

3) BGHZ, 17, 266, 278 참조.

여러 가지 면에서 경제적 손해를 본다고 할 수 있다. 이러한 점을 고려한 조치가 소위 추급권이다. 우리 저작권법에는 아직 이 제도가 입법화되지 않았지만, 독일 저작권법/[Gesetz über Urheberrecht und verwandte Schutzrechte(Urheberrechtsgesetz) vom 9. September 1965(BGBl. I S. 1273)]/ 제26조에서는 추급권/Folgerecht, droit de suite, artist's resale right, resale royalty right/이 규정되어 있다. 물론 추급권에 관한 내용은 베른 조약 제14조의 3[4]에도 규정되어 있다. 과거에 한국과 유럽연합간의 FTA협상[5]을 하면서 우리 언론에 자주 등장한 용어이기도 하다.

본서에서는 우리 저작권법에서 아직 생소한 추급권[6]이라는 제도에 대해서 소개하고자 한다. 독일저작권법에 규정되어 있는 저작자의 실체적 권리인 추급권에 관한 내용을 독일문헌을 중심으로 소개하는 형태로 글을 이끌어가고자 한다. 결어부분에서 추급권을 우리 저작권법에 도입할 때 어떠한 전제조건이 이루어져야 하는지에 관해 간단한 언급을 하면서 글을 맺고자 한다.

2. 독일저작권법의 추급권 조항

1) 추급권 조항

독일 저작권법 제26조에는 소위 추급권 조항이 규정되어 있다. 조

4) 구체적인 내용은 뒤에서 논의할 II. 3.에서 구체적으로 설명한다.
5) 이규현/최승현, 국내 문화시장 또 '저작권 몸살,' 조선일보 2007. 7. 24. A24면 참조.
6) 송영식/이상정, 저작권법개설(제3판), 세창출판사, 2003, 165면과 송영식/이상정 지식재산권법(제7정판), 세창출판사, 2005, 321면에서는 추구권이라고 번역하고 있다. 본 논문에서는 일반적으로 이용되고 있는 추급권이라는 용어를 사용하기로 한다. 오승종/이해완, 저작권법(제4판), 박영사, 2005, 577-578면;정상조, 지식재산권법, 홍문사, 2004, 293면;허희성, 2007 신저작권법축조개설(상), 2007, 114면.

문의 내용은 다음과 같다.[7)]

① 미술저작물과 사진저작물의 원본이 계속해서 양도되고 이것에 미술상이나 경매인이 취득자, 양도인 혹은 중개인으로 관여하면, 양도인은 저작자에게 양도가액 중 일정 지분을 지급해야 한다. 세금이 없는 양도가격은 제1문에서 말하는 양도가액으로 간주한다. 양도인

7) 박익환 번역, 독일저작권법(2004) 저작권관계자료집45, 저작권심의조정위원회, 2004. 24-25면 참조. 이해의 편의를 위하여 독일저작권법 원문을 인용해 본다. § 26 Folgerecht

(1) Wird das Original eines Werkes der bildenden Künste oder eines Lichtbildwerkes weiterveräußert und ist hieran ein Kunsthändler oder Versteigerer als Erwerber, Veräußerer oder Vermittler beteiligt, so hat der Veräußerer dem Urheber einen Anteil des Veräußerungserlöses zu entrichten. Als Veräußerungserlös im Sinne des Satzes 1 gilt der Verkaufspreis ohne Steuern. Ist der Veräußerer eine Privatperson, so haftet der als Erwerber oder Vermittler beteiligte Kunsthändler oder Versteigerer neben ihm als Gesamtschuldner; im Verhältnis zueinander ist der Veräußerer allein verpflichtet. Die Verpflichtung nach Satz 1 entfällt, wenn der Veräußerungserlös weniger als 400 Euro beträgt.

(2) Die Höhe des Anteils des Veräußerungserlöses beträgt:
4 Prozent für den Teil des Veräußerungserlöses bis zu 50 000 Euro,
3 Prozent für den Teil des Veräußerungserlöses von 50 000,01 bis 200 000 Euro,
1 Prozent für den Teil des Veräußerungserlöses von 200 000,01 bis 350 000 Euro,
0,5 Prozent für den Teil des Veräußerungserlöses von 350 000,01 bis 500 000 Euro,
0,25 Prozent für den Teil des Veräußerungserlöses über 500 000 Euro.
Der Gesamtbetrag der Folgerechtsvergütung aus einer Weiterveräußerung beträgt höchstens 12 500 Euro.

(3) Das Folgerecht ist unveräußerlich. Der Urheber kann auf seinen Anteil im Voraus nicht verzichten.

(4) Der Urheber kann von einem Kunsthändler oder Versteigerer Auskunft darüber verlangen, welche Originale von Werken des Urhebers innerhalb der letzten drei Jahre vor dem Auskunftsersuchen unter Beteiligung des Kunsthändlers oder Versteigerers weiterveräußert wurden.

(5) Der Urheber kann, soweit dies zur Durchsetzung seines Anspruchs gegen den Veräußerer erforderlich ist, von dem Kunsthändler oder Versteigerer Auskunft über den Namen und die Anschrift des Veräußerers sowie über die Höhe des Veräußerungserlöses verlangen. Der Kunsthändler oder Versteigerer darf die Auskunft über Namen und Anschrift des Veräußerers verweigern, wenn er dem Urheber den Anteil entrichtet.

(6) Die Ansprüche nach den Absätzen 4 und 5 können nur durch eine Verwertungsgesellschaft geltend gemacht werden.

(7) Bestehen begründete Zweifel an der Richtigkeit oder Vollständigkeit einer Auskunft nach Absatz 4 oder 5, so kann die Verwertungsgesellschaft verlangen, dass nach Wahl des Auskunftspflichtigen ihr oder einem von ihm zu bestimmenden Wirtschaftsprüfer oder vereidigten Buchprüfer Einsicht in die Geschäftsbücher oder sonstige Urkunden soweit gewährt wird, wie dies zur Feststellung der Richtigkeit oder Vollständigkeit der Auskunft erforderlich ist. Erweist sich die Auskunft als unrichtig oder unvollständig, so hat der Auskunftspflichtige die Kosten der Prüfung zu erstatten.

(8) Die vorstehenden Bestimmungen sind auf Werke der Baukunst und der angewandten Kunst nicht anzuwenden.

이 사인이라면, 양도인이 취득자 내지 중개인으로 참여한 중개상 또는 경매인은 양도인과 함께 연대채무자로서 책임을 진다. 서로에 대한 관계에 있어서는 양도인만이 책임을 진다. 양도가액이 400유로 미만이라면 제1문에 따른 책임은 면제된다.

② 양도가액지분에 대한 액수는 다음과 같다.

양도가액이 50,000유로까지는 4%

양도가액이 50,000.01유로부터 200,000유로까지는 3%

양도가액이 200,000.01유로부터 350,000유로까지는 1%

양도가액이 350,000.01유로부터 500,000유로까지는 0.5%

양도가액이 500,000유로를 넘을 경우에는 0.25%

계속되는 양도로부터 발생한 추급권에 따른 청구권의 최대액은 12,500유로이다.

③ 추급권은 양도될 수 없다. 저작자는 자신의 지분을 사전에 포기할 수 없다.

④ 저작자는 미술상 혹은 경매인에게 최근 3년 이내에 미술상이나 경매인의 관여 아래 정보 요구 이전 저작자의 저작물원본이 계속해서 양도되었는지에 관한 정보를 요구할 수 있다.

⑤ 저작자의 청구권을 실행하기 위하여 필요한 한도에서, 저작자는 미술상 혹은 경매인에게 양도인의 성명 및 주소 그리고 양도가액에 관한 정보를 요구할 수 있다. 위 미술상 혹은 경매인이 저작자에게 그의 지분을 지급하였다면, 위 미술상 혹은 경매인은 양도인의 성명 및 주소에 관한 정보를 거부할 수 있다.

⑥ 제4항 및 제5항에 따른 청구권은 저작권단체를 통해서만 행사될 수 있다.

⑦ 제4항 및 제5항 상의 정보의 정확성 혹은 완전성에 관한 의문에 이

유가 있는 경우에는 저작권단체는 보고의무자의 선택에 따라 자신이나 자신이 정한 회계검사인 혹은 공인회계사로 하여금 위 정보의 정확성 혹은 완전성을 확인하기 위하여 필요한 한도에서 영업장부 혹은 기타 문서의 열람을 요구할 수 있다. 당해 정보가 부정확하거나 불완전한 것으로 입증되면 보고의무자는 위 검사비용을 변상하여야 한다.

⑧ 위 조항은 건축저작물 및 응용미술저작물에는 적용되지 아니한다.

2) 입법취지

독일 저작권법 역사를 보면 1965년도의 개정 독일저작권법에 추급권 조항이 처음으로 규정되었다. 1962년도 개정안[8]의 입법이유서를 중심으로 추급권의 입법이유를 살펴보고자 한다.[9] 추급권은 미술저작자가 저작권제도로부터 발생한 수익에 대해서 관여할 수 있게 하여 이익을 조정시키고자 하는 것이다. 작가나 작곡가는 시간이 지나갔다고 하더라도 자신의 저작물의 가치가 높아질수록 출판사로부터 받는 인세가 증가하고, 자신의 저작물로 공연이 행해질 경우에는 공연에 따른 로열티를 받는다. 그러나 미술가의 경우에는 사정이 다르다. 자신의 창작물원본이 처음으로 양도될 때의 가치만이 자신의 수익이 되고 그 이후의 가치증가에 대해서는 미술저작자가 관여할 수 없게 된다. 따라서 미술저작물이 전전유통되면서 미술저작물의 가치가 증가된 경우에,

8) Marcel Schulze, Entwurf eines Gesetzes über Urheberrecht und verwandte Schutzrechte (Urheberrechtsgesetz) der Bundesregierung vom 23. März 1962(BT-Drucksache IV/270), in Materialien zum Urheberrechtsgesetz 2. Aufl., Wieley-VCH-Rechtstexte, 1997, S. 450 f. 이하에서는 BT-Drucksache IV/270로 인용한다.

9) Gerhard Leinveber, “Die wichtigsten Neuerungen der deutschen Urheberrechtsreform - Zur Neuregelungen des Schutzes des geistigen Eigentums,” *GRUR* 1966, S. 132, 134.

미술저작물 소유자가 누리는 수익에 참여하고 싶다는 것은 미술저작자의 오랜 관심사였다. 그리고 지금의 시점에서는 미술저작자에게 이러한 정의에 맞지 않는 흠결을 법률상의 청구권으로 보충하려는 것은 정당한 것으로서 폭넓게 인정받고 있다고 본 것이다.[10]

또한, 1962년도에 독일의 이웃 국가인 프랑스[11], 이태리, 벨기에의 저작권법에는 이미 추급권이 규정되어 있었고, 앞서 언급한 대로 베른조약에도 이미 추급권에 관한 규정이 있었다.

그리고 개정안에서는 추급권 조항이 적용되는 것은 오로지 공개경매를 통한 매매에서만 적용되도록 하고 있는데, 이는 저작자나 저작권단체가 타인의 도움이 없이 특히, 예술품거래상 내지 중개상의 저항을 물리치고 관철시킬 수 있기 때문이다. 이러한 안이 제출된 동안에 예술품 중개상의 대표는 오히려 예술가들을 위해서 추급권이 잘 집행될 수 있도록 지지한다고 발표하고,[12] 추급권을 공개경매에서뿐만 아니라 일반 거래에서의 양도에도 적용하자고 제안하였다.

3) 추급권 조항의 연혁

1876년도의 미술저작물에 관한 저작권법/[Gesetz vom 9. Januar 1876 betreffend das Urheberrecht an Werken der bildenden Künste(RGBl. S. 4)]/에서나 1907년도의 미술과 사진저작물에 관한 저작권법/[Gesetz betreffend das Urheberrecht an Werken der bildenden Künste und der Photographie vom 9. Januar 1907(RGBl. S. 7)]/에는 추급권에 관한 내용이 보이지 않는다. 그러다가 1932년 제국법무성 개정안/Entwurf

10) BT - Drucksache IV/270 a.a.O., S. 451.
11) 안경환, “미술저작물 저작자의 추급권,” 「계간 저작권(제4호)」 1988 겨울호, 31면.
12) a.a.O., S. 452.

eines Gesetzes über das Urheberrecht an Werken der Literatur, der Kunst und der Photographie des Reichsjustizministerium von 1932/ 제18조[13] '저작자지분'이라는 제목으로 규정하고 있었다. 그 내용은 대강 다음과 같다.

§18 [저작자 지분]

ⓐ 미술저작물의 원본이 저작권 소멸 전에 최소한 제국 500마르크에 해당되는 대가를 받고 계속해서 양도되는 경우에 양도인은 저작자 지분으로서 저작자에게 대가의 100분의 3을 지급하여야 한다. 취득자는 이 의무의 이행을 양도인과 함께 전체적으로 책임을 부담한

13) §18 【Urheberanteil】 (1) Wird ein Originalstück von Werken der bildenden Künste vor dem Erlöschen des Urheberrechts um ein Entgelt weiterveräußert, das mindestens 500 RM. beträgt, so hat der Veräußerer dem Urheber drei vom Hundert des Entgelts als Urheberanteil zu entrichten. Die Erwerber haften für die Erfüllung dieser Verpflichtung zur gesamten Hand mit den Veräußerern. Miturhebern steht der Anspruch zu gleichen Teilen zu, wenn sie nichts anderes vereinbart haben.
(2) Bei der Veräußerung eines Werkes der Baukunst oder des Kunstgewerbes entsteht kein Anspruch auf den Urheberanteil. Ist ein sonstiges Werk der bildenden Künste mit einer anderen Sache als Einheit veräußert worden, so ist der Urheberanteil von dem Teil des Entgelts zu berechnen, der nach dem Verhältnis des Gesamtwerts zum Wert des Werkes der bildenden Künste auf dieses entfällt.
(3) Eine Verpflichtung zur Zahlung des Urheberanteils besteht nicht, wenn nachgewiesen wird, daß das um den Urheberanteil verminderte Entgelt nicht höher ist als das bei der letzten entgeltlichen Veräußerung erzielte.
(4) Auf den Anspruch kann im voraus nicht verzichtet werden. Die Anwartschaft darauf unterliegt nicht der Zwangsvollstreckung; eine Verfügung über die Anwartschaft ist unwirksam.
(5) Der Veräußerer hat dem Urheber den Gegenstand der Veräußerung, seinen und des Erwerbes Namen und Wohnort und die Höhe des erzielten Entgelts binnen vier Wochen nach Abschluß des Vertrags anzuzeigen und ihm gleichzeitig den Urheberanteil zu zahlen oder die Tatsachen mitzuteilen, deren Nachweis nach Abs. 3 die Zahlungspflicht aufhebt. Ist der Veräußerer seiner Anzeigepflicht rechtzeitig nachgekommen, so verjährt der Anspruch auf den Urheberanteil in einem Jahr nach dem Zugehen der Anzeige.
(6) Die Reichsregierung bestimmt durch Verordnung eine Stelle, an die die Anzeige von der Veräußerung und die Zahlung des Urheberanteils mit derselben Wirkung wie an den Urheber selbst vorgenommen werden können. Durch Verordnung kann ferner die Geschäftsführung dieser Stelle geregelt und ihre Berechtigung vorgesehen werden, Ansprüche auf den Urheberanteil im Namen des Urhebers geltend zu machen und den Urheberanteil einzuziehen. Ebenso kann bestimmt werden, wie eingezogene Urheberanteil, die nicht binnen drei Jahren nach ihrem Eingang an den Urheber abgeführt werden konnten, zu verwenden sind und welche Verfügung der genannten Stelle für ihre Tätigkeit zusteht;auch können nähere Vorschriften über die Auskunftspflicht der Beteiligten sowie über die Anzeigepflicht und die Einziehung und Abführung des Urheberanteils bei öffentlichen Versteigerungen getroffen werden.

다. 다른 정함이 없는 경우에는 균등한 지분청구권이 공동저작자에게 귀속된다.

ⓑ 건축저작물 또는 공예품을 양도한 경우에는 저작자지분에 대한 청구권은 발생하지 않는다. 미술저작물의 여타 부분이 다른 물건과 결합체로 양도된 경우에는 미술저작물 전체 가치와 비례한 가치에 따른 부분만큼의 대가로 저작자지분은 계산될 수 있다.

ⓒ 저작자 지분의 지불을 위한 의무는 저작자 지분만큼 감소된 대가가 마지막으로 유상 양도시에 지불했던 대가보다 더 높지 않다는 것이 증명된 경우에는 발생하지 않는다.

ⓓ 청구권은 미리 포기될 수 없다. 청구권에 대한 기대권은 강제집행에 해당되지 않는다. 기대권에 대한 처분은 효력이 없다.

ⓔ 양도인은 양도의 대상, 자신과 양수인의 이름, 거소/居所/, 의도한 대가 정도를 계약체결 후 4주 이내에 저작자에게 고지하여야 하며, 그와 동시에 저작자지분을 지불하거나 또는 제3항에 따른 지불의무가 없다는 사실을 통지하여야 한다. 양도인이 고지의무를 적시에 이행하였다면 저작자지분에 대한 청구권은 고지 이행 후 1년 내에 소멸한다.

ⓕ 제국정부는 시행령에 저작자 자신에게 행해질 수 있는 것과 동일한 효력을 가지는 양도 고지와 저작자지분의 지불에 관한 것을 처리할 관공서를 정한다. 시행령에는 더 나아가서 이 관공서의 업무집행을 정하고, 관공서가 저작자 이름으로 저작자 지분에 대한 청구권을 주장하고 저작자 지분을 회수할 권한이 규정된다. 또한, 저작자에게 도달 후 3년 이내에 지급될 수 없었던 회수된 저작자지분이 사용될 수 있고, 위에서 언급한 관공서의 이러한 활동을 위하여 처분권이 관공서에 귀속된다는 것도 규정될 수 있다. 또한, 관여자의 정보청

구권, 고지의무 그리고 공개적인 경매의 경우에 저작자지분의 회수와 지급에 관한 구체적인 규정을 정할 수 있다.

1945년도와 1954년의 소위 연구개정안에서도 추급권이나 저작자사후보상청구권/著作者事後補償請求權, Urhebernachfolgevergütung/에 관한 규정이 존재하지 않는데, 이는 아마도 그 당시까지만 해도 추급권이 지당한 것이라고 생각되었는지는 모르겠지만, 이러한 권리를 어떻게 구체적으로 집행할 것인가에 대한 어려움[14]을 느끼고 있었기 때문이다. 그러다가 1962. 3. 23 자의 정부개정안 제26조[15]에 추급권이 포함되어 있었다. 이 조항이 현재의 독일저작권법 추급권조문의 원형이라고 말하여도 좋다.

제26조 [추급권]

ⓐ 미술저작물의 원본이 영업거래에서 계속해서 양도되는 경우에는 양도인은 저작자에게 양도가액의 100분의 1의 한도에서 지분액을 지불하여야 한다. 다만, 양도가액이 500독일마르크보다 적을 경우에는 의무는 면제된다.

ⓑ 저작자는 지분을 미리 포기할 수 없다. 지분에 대한 기대권은 강제집행에 해당되지 않는다. 기대권에 대한 처분은 효력이 없다.

ⓒ 위의 규정은 건축저작물과 응용미술저작물에는 적용될 수 없다.

---

14) Benvenuto Samson, "Das Folgerecht des §26 des Urheberrechtsgesetzes," *GRUR* 1970, S. 449.

15) Marcel Schulze, a.a.O., S. 355. §26 【Folgerecht】 (1) Wird das Original eines Werkes der bildenden Künste im geschäftlichen Verkehr weiterveräußert, so hat der Veräußerer dem Urheber einen Anteil in Höhe von eins vom Hundert des Veräußerungserlöses zu entrichten. Die Verpflichung entfällt, wenn der Veräußerungserlöses weniger als fünfhundert Deutsche Mark beträgt.
(2) Der Urheber kann auf den Anteil im voraus nicht verzichten. Die Anwartschaft darauf unterliegt nicht der Zwangsvollstreckung; eine Verfügung über die Anwartschaft ist unwirksam.
(3) Die vorstehenden Bestimmungen sind auf Werke der Baukunst und der angewandten Kunst nicht anzuwenden.

앞서 언급한 대로 작가나 작곡가는 자신의 저작물의 가치가 상승함에 따라 지급받는 인세나 공연에 대한 로열티가 증가함에도 불구하고 미술저작자는 원본이 처음에 양도될 때의 가치에만 관여할 수 있고 그 이후의 미술작품가치증가에는 전혀 관여할 수 없는 차별에 대해서 조정을 하려는 것이다. 그리고 앞서 언급한 베른 조약의 조문이나 프랑스 등의 입법 등이 참고가 되었다. 그리고 미술거래상들이 미술가의 관심사를 충분히 이해하였고 추급권이 실행될 수 있도록 뒷받침해주겠다고 의사를 밝혔다. 그리하여 1965. 9. 9 자로 전면 개정된 독일저작권법 제26조에는 1962년의 정부안처럼 규정되었다. 그 후 1972년도에 다시 개정/[Gesetz zur Änderung des Urheberrechtsgesetzes vom 10. November 1972(BGBl. S. 2081)/][16]을 하게 되었는데 현재의 모습과 거의 동일하다.

---

16) a.a.O., S. 652ff. §26 【Folgerecht】 (1) Wird das Original eines Werkes der bildenden Künste weiterveräußert und ist hieran ein Kunsthändler oder Versteigerer als Erwerber, Veräußerer oder Vermittler beteiligt, so hat der Veräußerer dem Urheber einen Anteil in Höhe von fünf vom Hundert des Veräußerungserlöses zu entrichten. Die Verpflichtung entfällt, wenn der Veräußerungserlös weniger als einhundert Deutsche Mark beträgt.
(2) Der Urheber kann auf seinen Anteil im voraus nicht verzichten. Die Anwartschaft darauf unterliegt nicht der Zwangsvollstreckung; eine Verfügung über die Anwartschaft ist unwirksam.
(3) Der Urheber kann von einem Kunsthändler oder Versteigerer Auskunft darüber verlangen, welche Originale von Werken des Urhebers innerhalb der letzten drei Jahre vor dem Auskunftsersuchen unter Beteiligung des Kunsthändlers oder Versteigerers weiterveräußert wurden.
(4) Der Urheber kann, soweit dies zur Durchsetzung seines Anspruchs gegen den Veräußerer erforderlich ist, von dem Kunsthändler oder Versteigerer Auskunft über den Namen und die Anschrift des Veräußerers sowie über die Höhe des Veräußerungserlöses verlangen. Der Kunsthändler oder Versteigerer darf die Auskunft über Namen und Anschrift des Veräußerers verweigern, wenn er dem Urheber den Anteil entrichtet.
(5) Die Ansprüche nach den Absätzen 3 und 4 können nur durch eine Verwertungsgesellschaft geltend gemacht werden.
(6) Bestehen begründete Zweifel an der Richtigkeit oder Vollständigkeit einer Auskunft nach Absatz 4 oder 5, so kann die Verwertungsgesellschaft verlangen, dass nach Wahl des Auskunftspflichtigen ihr oder einem von ihm zu bestimmenden Wirtschaftsprüfer oder vereidigten Buchprüfer Einsicht in die Geschäftsbücher oder sonstige Urkunden soweit gewährt wird, wie dies zur Feststellung der Richtigkeit oder Vollständigkeit der Auskunft erforderlich ist. Erweist sich die Auskunft als unrichtig oder unvollständig, so hat der Auskunftspflichtige die Kosten der Prüfung zu erstatten.
(7) Die Ansprüche des Urhebers verjähren in zehn Jahren.
(8) Die vorstehende Bestimmungen sind auf Werke der Baukunst und der angewandten Kunst nicht anzuwenden.

제26조 [추급권]

ⓐ 미술저작물과 사진저작물의 원본이 계속해서 양도되고 이것에 미술상이나 경매인이 취득자, 양도인 혹은 중개인으로 관여하면, 양도인은 저작자에게 양도가액의 100분의 5한도 내에서 지분을 지급해야 한다. 양도가액이 100 독일 마르크보다 적다면 이 의무는 면제된다.

ⓑ 저작자는 자신의 지분을 사전에 포기할 수 없다. 지분에 대한 기대권은 강제집행에 해당되지 않는다. 기대권에 대한 처분은 효력이 없다.

ⓒ 저작자는 미술상 혹은 경매인에게 최근 3년 이내에 미술상이나 경매인의 관여 아래 정보 요구 이전 저작자의 저작물원본이 계속해서 양도되었는지에 관한 정보를 요구할 수 있다.

ⓓ 저작자의 청구권을 실행하기 위하여 필요한 한도에서, 저작자는 미술상 혹은 경매인에게 양도인의 성명 및 주소 그리고 양도가액에 관한 정보를 요구할 수 있다. 위 미술상 혹은 경매인이 저작자에게 그의 지분을 지급하였다면, 위 미술상 혹은 경매인은 양도인의 성명 및 주소에 관한 정보를 거부할 수 있다.

ⓔ 제4항 및 제5항에 따른 청구권은 저작권단체를 통해서만 행사될 수 있다.

ⓕ 제4항 및 제5항의 정보의 정확성 혹은 완전성에 관한 의문에 이유가 있는 경우에는 저작권단체는 보고의무자의 선택에 따라 자신이나 자신이 정한 회계검사인 혹은 공인회계사로 하여금 위 정보의 정확성 혹은 완전성을 확인하기 위하여 필요한 한도에서 영업장부 혹은 기타 문서의 열람을 요구할 수 있다. 당해 정보가 부정확하거나 불완전한 것으로 입증되면, 보고의무자는 위 검사비용을 변상하

여야 한다.

ⓖ 저작자의 청구권은 10년간 행사하지 아니하면 소멸시효가 완성한다.

ⓗ 위 조항은 건축저작물 및 응용미술저작물에는 적용되지 아니한다.

다만, 현행 저작권법의 추급권 조항은 예술저작물원본에 대한 저작자의 추급권에 관한 유럽입법지침/[Richtlinie 2001/84/EG des Europäischen Parlaments und des Rates vom 27. September 2001 über das Folgerecht des Urhebers des Originals eines Werkes (ABl. EG Nr.L 272 S. 32).]/[17]에 따라서[18] 2006. 11. 10 에 개정되고 2006. 11. 16 부터 효력을 발생하고 있다. 그 조문 내용은 앞에서 이미 소개하였다.

또한, 저작권에 관한 주요한 조약이라고 할 수 있는 베른조약/[Berne Convention for the Protection of Literary and Artistic Works(Paris Act, 25 July 1971)]/ 제14조의 3[19]에서도 추급권을 규정하고 있다.[20]

ⓐ 저작자 또는 그의 사망 후에 국내 입법으로 권한을 받은 자연인이나 단체는 원미술저작물 및 작사자와 작곡자의 원고에 관하여, 저작자가 저작물을 최초로 이전한 후에 그 저작물의 매매에 있어서의 이익에 대하여 양도할 수 없는 권리를 향유한다.

---

17) Dieter Schmidtchen/Ronald Kirsten, "Die EU-Richtlinie zum Folgerecht - Eine ökonomishce Gesetzesfolgenanalyse," *GRUR* 2002, S. 860 ff.

18) Paul Kazenberger, "Die europäische Richtlinie über das Fplgerecht", *GRUR Int.*, 2004, S. 20ff.

19) Article 14ter

(1) The author, or after his death the persons or institutions authorized by national legislation, shall, with respect to original works of art and original manuscripts of writers and composers, enjoy the inalienable right to an interest in any sale of the work subsequent to the first transfer by the author of the work.

(2) The protection provided by the preceding paragraph may be claimed in a country of the Union only if legislation in the country to which the author belongs so permits, and to the extent permitted by the country where this protection is claimed.

(3) The procedure for collection and the amounts shall be matters for determination by national legislation.

20) Eugen Ulmer, "Das Folgerecht im internationalen Urheberrecht," *GRUR* 1974, S. 598-599.

ⓑ 전항에서 규정한 보호는, 저작자가 속한 국가의 입법으로 그와 같이 허용한 경우에, 그리고 이 보호가 주장되는 국가가 허용하는 범위 내에서만 각 동맹국에서 주장될 수 있다.

ⓒ 징수의 절차와 금액은 국내 입법에 맡겨 결정한다.

그런데 베른협약에서의 추급권[21]에 관한 내용은 강제적인 성격을 띠는 것이 아니라 선택사항이다. 추급권은 1928년 로마개정에서 도입이 승인되었고, 1948년 브뤼셀 개정에서 도입되었다.[22]

아직 스위스저작권법에는 추급권 조항을 두지 않고 있다. 미국의 경우[23]에는 연방법 차원에서는 아직 추급권에 관한 조항이 없고, 캘리포니아 주에서만 민법전[24]에 저작자가 관여할 수 있는 규정을 두고 있다.

이하에서는 독일 저작권법 제26조의 조문 내용을 소개하는 형태로 논의를 계속 진행하고자 한다.

3. 추급권의 내용

1) 의의

추급권은 미술저작물이 계속해서 판매될 경우 저작자가 매매대금의 일정 부분을 배당받을 수 있는 권리이다.[25] 저작권법은 추급권이

21) 허희성, 베른협약축조개설, 일신서적출판사, 1994, 151-154면.

22) 허희성, 상게서, 151면.

23) 안경환, 전게논문, 32면;김문환, "금속공예와 지적소유권," 법학논총 제2집(국민대학교 법학연구소), 1990. 152면;Artur-Axel Wandtke, Praxiskommentar zum Urheberrecht(2. Aufl.), C.H.Beck, 2006, § 26 Rdnr. 3;Leonard d. DuBoff/Christy O. King, Art Law, Thomson, 2006, p. 228.

24) West's Ann.Cal. Civ. Code §986, "Whenever a work of fine art is sold and the seller resides in California or the sale takes place in California, the seller or the seller's agent shall pay to the artist of such work of fine art;or to such artist's agent;five percent of the amount of such sale.

실행되기 위해서 계속되는 미술저작물의 매매 시에 발생한 잉여수익의 분배를 목표로 하여 추급권을 실행하는 것이 아니라, 비록 미술저작물의 가치가 하락하였다고 할지라도 저작자지분을 보장하려는 것이다. 추급권의 법률적 성질, 즉 저작권법 내에서의 지위는 저작재산권도 아니고 저작인격권도 아니라고 보는 것이 독일입법자[26]들의 생각이다. 하나의 특별한 재산권적인 청구권이라고 보고 있다.[27] 청구권을 행사할 수 있는 사람은 저작자 또는 저작자로부터 권리를 승계받은 사람이다. 추급권은 독일저작권법 제28조에 따라 당연히 상속 가능하다. 추급권 행사의 상대방은 예술저작물의 양도인이라고 할 수 있다. 자신의 이름으로 타인에게 미술저작물을 양도하는 사람은 모두 양도인이라고 할 수 있다.

2) 추급권의 대상

독일저작권법에서는 미술저작물의 원본만이 추급권의 대상이다. 원본이라 함은 저작자가 자신의 손으로 창작하여 구체적으로 형체가 부여된 저작물을 말한다.[28] 비록 저작물이 담겨 있는 매개체라고 할지라도 저작자의 감독과 승인으로 된 것이라면 저작물원본이다. 또한, 조수가 도왔다고 하더라도 저작자의 의사에 따라 미술저작물의 원형이 완성되었다면 원본이라고 할 수 있다.

---

25) 김문환, 전게논문, 152-153면;Manfred Rehbinder, Urheberrecht(9. Aufl.), C.H.Beck, 1996, S. 183; Eugen Ulmer, Urheber- und Verlagsrecht(3. Aufl.), Springer-Verlag, 1980, S. 280.

26) AmtlBegr. BT-Drucks. IV/270, 52.

27) Möhring/Nicolini/Spautz, Urheberrechtsgesetz(2. Aufl.), Franz Vahlen, 2000, §26, Rdnr. 2;Wandtke, a.a.O., § 26 Rdnr. 2.

28) Gerhard Schricker/Paul Katzenberger, Urheberrecht(2. Aufl.), C.H.Beck, 1999, §26, Rdnr. 25.;Ulmer, a.a.O., S. 283.

그리고 원본의 속성을 가졌는지 여부에 관한 결정적인 기준은 저작자가 저작물을 형성하였고 조수는 단지 기술적인 도움만 주었는지 하는 점이다. 원본인지 여부를 판단함에 있어 강한 인상을 주는 간접적인 기준은 저작자 자신이 행한 서명이라고 할 수 있다. 그렇지만 원본저작물의 성격에 부응하기 위하여 서명을 하지 않은 저작물도 당연히 원본이다.

수개의 조각으로 된 예술그래픽스의 원본이나 예술시장에서 이와 유사한 방법으로 판매되고 있는 사진저작물의 원본도 추급권의 대상이 된다는 것이 대부분의 견해[29]이다.

독일저작권법 제26조 제8항에서는 건축저작물과 응용예술품은 추급권의 대상에서 제외된다고 규정하고 있다. 추급권의 대상은 좁은 의미의 미술저작물이라고 할 수 있다. 건축저작물은 주거를 목적으로 하는 조형물이므로 조각품이라고 말하기에는 어색하다. 또한 응용예술품도 이용목적과 그것에 따른 기능이 중요한 관점이므로 추급권의 대상에서 제외하였다.[30] 또한, 건축저작물과 응용예술품을 추급권의 대상에서 제외한 이유는 건축저작물과 응용예술품의 가격의 상승이 대부분의 경우 저작자의 명성에 따른 변화가 아니기 때문이다. 건축저작물의 경우에는 부동산시장의 변화에 가격변동이 종속되어 있고, 응용예술품의 경우에는 재료의 가격에 따르기 때문이다. 응용예술품의 경우에 계속되는 양도시에 가격 변화의 중요한 기준은 저작자라기보다 제작자이다.

29) Haimo Schack, Urheber- und Urhebervertragsrecht, Mohr Siebeck, 1997, Rdnr. 452;Schricker/Katzenberger, a.a.O., §26, Rdnr. 27;Fromm/Wilhelm Nordemann, Urheberrecht(8. Aufl.), Kohlhammer, 1994, § 26, Rdnr. 2;Wandtke, a.a.O., § 26 Rdnr. 7;Möhring/Nicolini/Spautz, a.a.O., §26, Rdnr. 7.

30) Wandtke, a.a.O., § 26 Rdnr. 10.

3) 계속되는 양도

독일 저작권법 제26조에서 말하는 "Weiterveräußerung"은 최초양도 후에 이루어진 예술저작물의 모든 양도를 의미한다. 여기서 양도라고 하는 것은 법률행위에 따른 소유권 이전, 즉 양도인과 양수인이 서로 합의하여 소유권에 관하여 물권적인 처분행위를 한 것을 말한다.[31] 임대나 담보제공은 양도라고 할 수 없다. 예술저작물을 최초로 판매할 때에는 저작자가 관여하기 때문에 추급권을 인정할 필요가 없다. 양도에는 교환이나 증여[32]도 포함된다. 그러나 저작자가 피상속인이 되어 상속인에게 저작물의 소유권이 넘어간 경우에는 최초양도를 했다고 보지 않는다. 상속인이 유증의 이행으로 양도하였다면 최초양도가 이루어졌다고 본다. 저작물이 경제적 의미로 영속적으로 양도되어야 제26조에서 말하는 계속적인 양도의 요건을 충족시킨다. 소유권의 양도가 신탁관계의 범위 내에서 이루어졌다면 추급권에 따른 의무가 발생하지 않는다.[33]

물론 추급권과 관련하여 모든 매매가 고려되는 것은 아니다. 순수한 사적인 양도는 고려되지 않는다. 독일 법문상 추급권은 거래를 통한 양도에만 적용되는데, 예술품 거래상이나 경매인이 취득자, 양도인,

31) Schricker/Katzenberger, a.a.O., §26, Rdnr. 30.

32) Ulmer, a.a.O., S. 283.

33) 원래, 독일저작권법상 권리소진이론이 적용되어, 저작자가 자신의 원저작물(권리소진이론에서는 복제물도 포함된다)을 거래에 제공하여 양도한 경우에는 배포권이 소진하도록 하고 있다. 즉 저작물에 관한 소유권이 타인에게 넘어간 경우에는 저작자가 가지고 있는 배포권은 더 이상 행사하지 못한다는 의미이다. 따라서, 그 저작물의 소유권 행사에 관해서는 더 이상 관여할 수가 없다. 그러나 추급권은 이러한 권리소진이론에 대한 일종의 제한이라고도 볼 수 있다. 저작자가 비록 배포권에 관해서는 더 이상 관여할 수 없다고 하더라도 추급권을 통하여 계속적인 양도시에 자신의 저작자 지분에 대한 청구권을 행사할 수 있기 때문이다. 권리소진이론에 관해서는 계승균, "저작권법상 권리소진이론," 창작과 권리(제36호), 2003, 69, 86-92면 참조.

중개인으로 참여한 거래에서만 저작자지분청구권/Der Anspruch auf den Urheberanteil/, 즉 보상청구권/Vergütungsrecht/이 발생한다. 여기서 미술상이라는 개념은 미술저작물을 영업적으로 매도와 매수를 하는 사람을 말한다. 예를 들어, 에이전트, 골동품상, 갤러리주인, 백화점 주인을 말할 수 있다. 그러나 반드시 주 직업이 중개상일 필요는 없다.[34] 법문에서 말하고 있는 경매인은 최고가를 부른 사람에게 양도하는 사람을 말한다. 반드시 영업적으로 할 필요는 없다.[35] 또한, 중개인은 보수를 받든 받지 않든, 양도행위를 촉진하거나 매개하는 행위를 하는 사람을 말한다.[36]

그리고 경매가 독일의 국경 밖에서 이루어졌을 경우에는 추급권은 고려되지 않는다는 것이 독일 판례[37]의 태도이다. 그 이유는 양도라는 구성요건표지가 독일저작권법의 효력이 미치는 범위를 벗어나는 외국에서 일어났기 때문이다. 최소한 부분적으로나마 국내에서 양도가 이루어져야 한다.

저작자가 가지는 양도가액에 따른 청구권, 즉 보상청구권은 예전에는 100분의 5라고 하였으나, 개정 독일저작권법에서는 유럽입법지침에 의해 액수에 따라 달리 규정하고 있다. 양도가액이 50000유로까지는 4%, 양도가액이 50,000.01유로부터 200,000유로까지는 3%, 양도가액이 200,000.01유로부터 350,000유로까지는 1%, 양도가액이 350,000.01유로부터 500,000유로까지는 0.5%, 양도가액이 500,000유로를 넘을 경우에는 0.25%로 하고 있다. 양도로부터 발생한 추급권에 따른 청구권의 최대액은 12,500유로이다.

---

34) Schricker/Katzenberger, a.a.O., §26, Rdnr. 33.
35) a.a.O.
36) a.a.O., Rdnr. 34.
37) BGH NJW 1994. S. 2888-Folgerecht bei Auslandsbezug.

4) 사전 포기 불가

저작자는 추급권을 미리 포기할 수 없다. 마찬가지로, 미리 추급권을 양도하거나 담보로 제공할 수 없다. 저작자가 자신의 저작물을 최초로 양도한 후에 포기를 하게 된다면 추급권에 따른 청구권이 공동화될 가능성이 있기 때문이다. 물론 추급권의 발생 후에는 추급권을 포기할 수 있다.[38]

5) 정보제공청구권(Auskunftsanspruch)[39] 행사 가능

추급권을 구체적으로 행사하기 위하여 정보제공청구권을 행사할 수 있다. 이 정보제공청구권은 저작권단체를 통해서만 행사할 수 있다.[40] 독일에서의 구체적인 저작권단체는 die VG Bild-Kunst이며[41], 정보를 제공할 의무자는 예술품거래상 또는 경매인이다.[42] 따라서, 저작권단체에 가입되어 있는 미술저작자만이 정보제공을 청구할 수 있는 장점을 누릴 수 있다. 저작자는 미술상 혹은 경매인에게 최근 3년 이내에 미술상이나 경매인의 관여 아래 정보 요구 이전 저작자의 저작물 원본이 계속해서 양도되어졌는지에 관한 정보를 요구할 수 있다. 저작자는 청구권을 실행하기 위하여 필요한 한도에서 미술상 혹은 경매인에게 양도인의 성명 및 주소 그리고 양도가액에 관한 정보를 요구할 수 있다. 미술상이나 경매인은 양도인의 성명 및 주소 그리고 양도가

38) Fromm/Nordemann/Nordemann, a.a.O., § 26 Rdnr. 5.
39) Auskunftsanspruch를 편의상 정보제공청구권이라고 번역하고 싶다.
40) Schricker/Katzenberger, a.a.O., §26, Rdnr. 38.
41) 독일에서의 실무와 관련된 내용에 대한 소개는 Schricker/Katzenberger, a.a.O., §26, Rdnr. 11-15.
42) Möhring/Nicolini/Spautz, a.a.O., §26, Rdnr. 18.

액에 관한 정보를 제공할 의무를 기본적으로 부담한다. 그러나 위 미술상 혹은 경매인이 저작자에게 그의 지분을 지급하였다면, 양도인의 성명 및 주소에 관한 정보를 거부할 수 있다. 즉 비밀을 계속하여 유지할 수 있다. 또한, 제공받은 정보에 관해서 그 정확성이나 완전성에 대해서 의문이 생기고 의문에 대하여 정당한 이유가 있는 경우에는, 저작권단체는 보고의무자의 선택에 따라 자신이나 자신이 정한 회계검사인 혹은 공인회계사로 하여금 위 정보의 정확성 혹은 완전성을 확인하기 위하여 필요한 한도에서 영업장부 혹은 기타 문서의 열람을 요구할 수 있다. 당해 정보가 부정확하거나 불완전한 것으로 입증되면, 보고의무자가 위 검사비용을 변상하도록 하고 있다.[43)]

6) 추급권의 존재이유

추급권을 인정하는 이유[44)]는 앞서 언급한 대로 미술저작자들의 이익보호가 다른 저작자들에 비해서 불충분하다는데 있다고 할 수 있다. 또한 미술저작자가 사망한 경우 원작품의 가치가 상승하는 경우에, 이로 인하여 미술저작물 소유자는 불로소득에 가까운 수익이 발생한다. 따라서 다른 형태의 저작물 저작자와 비교하여 권익보호 측면에 있어서 형평성 유지와 투기성이 짙은 미술저작물의 거래에 있어서 지나친 부당이득을 추급권은 방지한다고 할 수 있다. 또한, 미술저작자가 자신의 저작물을 처음으로 양도하고 난 다음에 계속되는 저작물 창작활동과 자신의 명성이 높아지는 것과 동시에 대개의 경우 자신의 저작물에 대한 가격 상승도 함께 이루어진다.[45)] 따라서 미술저작자도 첫 번

43) Schricker/Katzenberger, a.a.O., §26, Rdnr. 40-41.
44) 안경환, 전게논문, 31면;김문환, 전게논문, 153면.

째 미술저작물의 양도 후에 이루어지는 가치상승에 추급권으로서 참여하여야 한다는 생각이 깔려 있다.

7) 추급권의 소멸시효

2002. 1. 1 이전까지는 저작자가 계속되는 양도에 관한 인식이 있었는지 여부에 관계없이 추급권에 따른 청구권은 10년의 소멸시효에 걸리도록 하고 있었다. 그러나 2002. 1. 1 부터는 독일민법의 소멸시효에 관한 일반 규정이 적용된다. 즉 독일 민법 제195조[46]에 따라 3년의 소멸시효에 해당한다.[47]

4. 결어

앞에서 독일저작권법상의 추급권에 관하여 간단히 살펴보았다. 아직 이를 입법화하지 않고 있는 우리에게 참고할 사항들이 많다고 할 수 있다. 특히 유럽연합과의 FTA협상이 진행되면서 추급권에 관해 언론에서 많이 보도[48]되었다. 추급권이 도입되면 미술시장이 위축될 것이라든지, 국내미술시장의 발전을 저해할 것이라든지, 경매회사나 화랑들만 돈을 벌게 될 것이라든지, 미술시장이 지하경제화 될 수 있다든지, 화가들만 피해를 입게 된다는 등의 부정론과 함께 추급권이 도입되어야만 화가에게 유리할 뿐만 아니라, 미술시장도 건전하게 발전

---

45) AmtlBegr. BT-Drucks. IV/270, 52.

46) 제195조 [일반소멸시효기간] 일반소멸시효기간은 3년으로 한다. §195 [Regelmäßige Verjährungsfrist] Die regelmäßige Verjährungsfrist beträgt drei Jahre. 양창수, 전게서, 82-83면.

47) Wandtke, a.a.O., § 26 Rdnr. 19.

48) 박광선, "추급권 논란 치열," 프라임 경제, 2007. 7. 23.;안세영, "한·EU FTA, 유럽형 협상전략 세우자," 매일경제, 2007. 7. 23.;박선영, "비싼 그림, 가난한 화가," 한국일보, 2007. 7. 23.

하게 된다는 긍정론도 있다.

추급권의 규범적인 성격, 실체적인 권리에 관한 연구도 중요하지만, 추급권이 도입되었을 경우 미칠 수 있는 정책적인 면, 미술시장, 거래관행에 대해서도 함께 연구가 되어야 한다. 예를 들어, 미술저작물시장의 규모, 미술작가들이 파악되어 있는지, 어느 정도 경력의 작가인지 미술저작물경매시장, 미술저작물 거래실적, 미술저작물거래와 관련된 저작자보상청구권 문제, 저작권단체, 미술저작물거래와 관련된 조세문제 등에 관하여도 충분한 조사와 연구가 되어 있어야 한다.

그리고 미술시장의 성장과 확대가능성, 거래의 투명성과 공정성, 지하경제의 부존재 등이 전제되어야 한다. 또한 미술가가 자신의 미술저작물의 거래 경로를 알 수 있어야 하고, 미술거래가격을 알 수 있어야 한다. 위작을 판정할 수 있는 전문감정기관의 존재[49], 진품에 대한 보증문제, 계약과 관련하여 손해배상, 계약해제와 관련된 법률문제 등 다각적인 검토가 이루어져야 할 것으로 보인다.

또한, 여기서 우리가 한 가지 알 수 있는 것은 저작권과 관련하여 정책성이 강조되는데 그 대표적인 것이 추급권이라고 할 수 있다. 단순히 미술저작자에게 실체적인 권리를 인정하는 것이라기보다 미술저작물과 관련된 모든 사항에 관해 파악이 되어야 한다는 점이다. 특히, 우리 언론은 추급권과 관련된 보도를 하면서 미술과 관련된 시장논리를 지나치게 강조하고 있다는 인상을 지울 수 없다. 미술저작물을 투자의 대상을 넘어 부당한 이익을 받을 수 있다는 인상을 심어주는 투기의 대상으로 보도록 하고 있다. 이 또한 미술저작물을 둘러싸고 있는 한 면일 수 있다. 그러나 추급권의 진정한 의미는 미술저작물을 창작한 예술가에 대한 감사의 마음이 사회적으로 전제가 되어 있을 때

49) 이규현, "달아오른 미술시장…작품성 보장은 누가하나," 조선일보 2007. 7. 31. A24면 참조.

나온다. 즉 문화적인 정책, 예술가나 창작자들을 배려하겠다는 사회적 배경 역시 추급권 도입의 전제가 되어야 한다.

독일입법자들이 추급권의 도입 시에 추급권의 당위성에 대해서는 인정을 하였지만, 추급권을 어떻게 실현시킬 것인가에 대해서 고민하였던 것과 마찬가지로, 우리도 추급권 이 자체보다도 이 권리가 어떻게 정상적으로 공정하고 투명하게 실현될 수 있을지에 관한 연구도 지속적으로 이루어져야 한다고 본다. 아직 미술저작물거래에 관한 경험이 부족한 우리 사회에 유럽연합과의 FTA를 통해서 추급권이 강제적으로 우리 사회에 이식될 수도 있다. 지금부터라도 준비를 해야 한다고 판단된다. 미술저작자와 관련하여 중요한 권리인 추급권과 관련된 사회적, 문화적 환경조사와 함께 법리적인 면에서의 연구도 계속되어야 한다.

동일성 유지권

제8장

1. 동일성유지권의 의의

우리나라의 저작권법에는 저작권과 관련된 모든 가치내용을 규정하고 있지는 않다. 그러나 우리나라의 저작권법 규정을 통틀어서 보면, 우리 저작권법이 예정하고 있는 질서 중의 하나는 저작물의 포괄적인 금지규정을 통해 저작자가 창작한 저작물이 변경되지 않은 상태로 저작자와 동시대의 사람들뿐만 아니라, 미래의 사람들에게도 전달되도록 하여 저작자를 보호하는 것이다. 이러한 저작물의 변경금지라고 하는 내용은 저작물의 이용허락을 받은 사람뿐만 아니라, 저작권법상 어떠한 권리도 취득하지 못한 사람에게도 적용된다.[1] 저작물의 변경금지의 명제는 결국 저작물에 대해서 소유권을 취득한 사람도 저작물을 변경할 수 없다는 의미이다. 이러한 저작물의 포괄적인 변경금지는 우리 저작권법 제13조 제1항에 규정되어 있는 '동일성유지권'조항에 그 기반을 두고 있다.

그런데 동일성유지권은 표현 그대로 저작자가 자신의 저작물의 동일성을 유지하려고 하는 적극적인 의미보다, 저작자 이외의 자가 저작물을 변경, 훼손, 손상시키는 행위를 금지시키는, 즉 동일성을 해치

1) 渋谷達紀、『知的財産法講義』有斐閣(2004), 200頁; 中山信弘,『著作権法』, 有斐閣(2007) 10頁.

는 행위를 하는 자에 대하여 부작위를 명하는 소극적 의미를 가지고 있다.[2)]

저작자의 인격, 개성, 사상 등이 투영되어 있는 저작물을 그대로 보존해서 동시대의 사람뿐만 아니라 후세에도 전하고자 하는 저작자의 욕망과 소유한 저작물에 대해서 기호나 관심이 변해서 저작물을 변경 내지 파괴하고자 하는 소유자의 욕망이 서로 충돌하는 경우가 있다. 창작자의 저작물의 동일성을 계속해서 유지시켜 문화의 발전에 기여하고자 하는 것은 저작권법이 보호하고 있다. 그러나 유체물인 소유물을 법률의 범위 내에서 사용, 수익, 처분하려는 권리는 민법이 소유자에게 부여하고 있다. 그런데, 저작권과 소유권은 서로 등가적, 독립적, 병렬적 권리이기 때문에 양 권리의 충돌을 어떻게 조정할 것인가 하는 문제가 발생한다.

또한, 우리 저작권법 제13조에는 "저작자는 그의 저작물의 내용·형식 및 제호의 동일성을 유지할 권리를 가진다"라고 규정되어 있는데, 즉 저작물의 내용, 형식 등의 변경을 금지시키는 내용인데, 이 변경의 의미 가운데 저작물의 존재 자체를 완전히 없애버리는 폐기 내지 파기가 포함되는지 그 여부가 문제된다. 우리가 흔히 사용하는 언어의 사용법에 의하면 변경 내지 훼손이라는 의미 속에는 대상이 되는 물체는 아직 존재하지만, 그 내용이나 형식 등을 원본 그대로가 아니라 고치거나, 바꾸거나, 손상시키는 행위를 가리킨다.

그런데 저작물의 변경금지라는 용어 속에 저작물의 폐기 내지 파기가 포섭될 수 있는지 여부에 대해서 생각의 여지가 있다. 즉 저작물 폐기 내지 파기에 관한 규정을 두지 않은 이유에 대해서도 한번 생각

---

2) 斎藤博, 『著作権法 (第2版)』, 有斐閣(2004), 149頁; Artur-Axel Wandtke/Winfried Bullinger, *Praxiskommentar zum Urheberrecht*, C.H.Beck(2002), §14, Rdnr. 1.

해 볼 필요가 있다. 독일을 비롯한 소위 대륙법계통의 저작권법에는 저작인격권의 하나로 저작물의 변경금지를 핵심내용으로 하는 동일성유지권을 두고 있다. 변경이라는 의미 속에는 어떤 대상이 계속해서 남아 있다는 것을 전제로 한다. 그런데 생각을 달리 해보면, 저작물을 폐기 내지 파기하는 것은 가장 극단적인 형태의 변경에 해당할 지도 모른다. 그런데도 저작권법에 특히 미술저작물을 구입한 사람이 미술저작물을 폐기하는 것에 관해서 침묵을 지키고 있는 이유는 기본적으로 미술저작물과 같은 일품저작물을 구입한 사람은 최소한 고의로는 미술저작물을 파괴하지 않을 것이라고 하는 믿음 때문이었는지 아니면, 저작물에 대한 소유권을 취득한 사람의 소유권 행사를 절대적인 것 내지 대항할 수 없는 것으로 보아 저작자가 이에 대해서 이의를 제기할 수 없다는 이유 때문이었는지는 불분명한 점이 있다.

그러나 저작권법의 관점에서 바라보면 굳이 동일성유지권이라는 권리를 저작자에게 인정해주고, 이를 일신전속권이라고 하는 강력한 성격의 내용을 부여한 취지를 염두에 둘 필요는 있다고 본다. 대부분 일품저작물로서 가치가 있는 미술저작물의 경우 일반 물건처럼 소비하거나 폐기하지 않을 것이라고 보았기 때문이 아닌가 싶다. 미술저작물이 일반 동산처럼 처분된다면 민법에 따라 해결하면 될 것이기 때문이다. 따라서, 저작권법의 동일성유지권 조항을 민법의 소유권 조항과 함께 체계적 · 역사적 · 목적적으로 해석할 필요가 있다고 본다.

2. 동일성유지권과 소유권이 서로 충돌하는 경우

앞서 언급한 대로 저작권과 소유권은 서로 동등한 권리이면서 서로에게 무관하게 행사하는 것이 가능한 권리이다. 그런데 법조문을 살펴보면 다음과 같다.

우리 저작권법 제13조의 제2항은 다음과 같이 규정하고 있다.

> 저작자는 다음 각 호의 어느 하나에 해당하는 변경에 대하여는 이의/異議/할 수 없다. 다만, 본질적인 내용의 변경은 그러하지 아니하다.
>
> 1. 제25조의 규정에 따라 저작물을 이용하는 경우에 학교교육 목적상 부득이하다고 인정되는 범위 안에서의 표현의 변경
> 2. 건축물의 증축·개축 그 밖의 변형
> 3. 특정한 컴퓨터 외에는 이용할 수 없는 프로그램을 다른 컴퓨터에 이용할 수 있도록 하기 위하여 필요한 범위에서의 변경
> 4. 프로그램을 특정한 컴퓨터에 보다 효과적으로 이용할 수 있도록 하기 위하여 필요한 범위에서의 변경
> 5. 그밖에 저작물의 성질이나 그 이용의 목적 및 형태 등에 비추어 부득이하다고 인정되는 범위 안에서의 변경

그리고 민법의 소유권 조항인 제211조에는 소유권의 내용으로서

> "소유자는 법률의 범위내에서 그 소유물을 사용, 수익, 처분할 권리가 있다."

라고 규정되어 있다.

우리 민법 제211조에서 규정하고 있는 '법률의 범위 내에서'라고 할 때의 법률에는 소유권과 직접 관련된 민법이나 토지정책과 관련된 법률뿐만 아니라 저작권법도 포함된다. 또한 저작권법 제13조 제2항의 내용을 보더라도 저작자는 일정한 행위에 해당되는 변경에 대하여는 이의/異議/할 수 없지만, 본질적인 내용의 변경에 대해서는 대항할 수 있다고 규정하고 있다. 그리고 제5호에 그밖에 저작물의 성질이나 그 이용의 목적 및 형태 등에 비추어 부득이하다고 인정되는 범위 안에서의 변경에 대해서는 이의를 제기할 수 없다고 규정되어 있지만, 저작자의 입장에서는 저작물의 '성질'이나 그 '이용의 목적' 및 형태' 등에 비추어 '부득이하다'고 인정되지 않는 범위의 변경인 경우에는 저작권 침해라고 주장할 수 있다. 그렇다면 소유권 행사도 저작권법의 범위 내에서 행사되어야 하는 것처럼 느껴질 수 있지만, 현실에서는 그러하지 아니하고 오히려 저작권의 보호막이 더 얇다는 것을 알 수 있다.

그리고 양 권리는 서로 권리의 객체도 별개이고 독립적으로 존재하는 권리이다. 이미 앞서 언급한 독일 판례[3]에서 양 권리의 관계를 적절하게 표현하고 있다. "저작권은 기본적으로 특별한 이유 없이 소유권과 관계없이, 소유권은 특별한 이유 없이 저작권과 관계없이 행사될 수 있다./Das Urheberrecht kann grundsaetzlich nur unbeschadet des Eigentumsrechts, das Eigentumsrecht nur unbeschadet des Urheberrechts ausguebt weden./" 이 표현의 의미는 만약 충돌하였을 경우에 어느 한 권리가 다른 권리에 양보하여야 한다는 것이 아니라, 양 권리자의 이익과 내용을 보고 서로 비교 형량하여야 한다는 것이다.[4] 그런데 이렇게 저작권과 소유권과의 충돌문제가 일어나

3) 계승균, 저작물에 관한 동일성유지권과 소유권의 긴장관계에 관한 일 고찰 : Reichsgericht, 8.6.1912. - I 382/11, RGZ 79, 397(Felseneiland mit Sirenen), 『판례연구(부산판례연구회)』 20집 (2009), 873-912면 참조.

4) Hans-DieterNahme, "Veraederungen an urheberrechtlich geschuetzten Werken der Baukunst und Gebrauchskunst", *GRUR*(1966), S. 474, 475.

는 유형은 사실상 일품저작물인 건축저작물 내지 미술저작물에 지나지 않는다. 즉 모든 저작물에 소유권과 저작권의 충돌문제가 발생하는 것은 아니다.

구체적 사례

제9장

1. 교회 인테리어

다음에 소개하는 사안은 건축물 그 자체가 아닌 건축의 내부공간을 변경한 사례이다.

사실관계

원고는 1966년에 사망한 교회예술가 D의 딸이다. 피고 M은 1952년과 1953년에 건립된 St. - Gottfired 교회이다. 원고는 자신의 아버지가 교회와 교회의 내부공간을 설계했다고 주장했다. [그림 1]은 교회 제단의 본래 형태이다.

[그림 1]

6계단으로 형성된 성가대는 반원의 외벽까지 늘어져, 외벽과 성가대는 회랑을 사이에 두고 분리되어 있다. 3계단의 최상부에 있는 단상에는 성가대의 뒷면 중앙에 예수 그리스도의 십자가가 달린 성찬대가 설치되어 있고 중간 공간에 의해 분리되어 그 앞에 미사제단이 세워져 있으며 성가대는 황색 대리석으로 붙여 세공된 흉부격자에 의해 둘러싸여져 있다. 격자 위에는 성찬대 양면에서 반원상태로 촛대가 설치되어 있다. 흉부격자는 성가대 앞면에 반원상태로 설치되어 설교대를 에워싸고 있고, 이 설교대는 계단을 사이에 두고 좌우로 나눠져 있다. 성가대 앞에는 양측으로 나눠진 성체 배령대가 세워져 있다.

피고는 2002년 말에 제단을 변경했다. [그림 2]는 변경 후 형태이다.

[그림 2]

변경 후는 양면으로 나눠진 성체 배령대와 앞부분의 6개의 벤치열이 제거되었다. 그 대신에 앞의 성가대에 연결되어 있지 않은 3계단과는 연결된 단 위에 높은 소형 단을 만들었다. 새로운 제단 위에는 단, 설교단, 촛대가 있다. 단에는 본래의 장소에서 제거, 축소된 옛날의 예식 성찬대가 있다. 그것은 흉부의 격자 촛대와 함께 성찬대 측으로 이

동되었다. 새로운 제단의 양측, 좌우 끝에는 각각의 3개의 격자가 U자형으로 설치되어 있다.

원고는 이와 같은 변경에 대해 저작권침해를 주장했다.

지방법원은 감정서에 따라 그 신청을 기각했지만 항소심은 원판결을 따라 원고청구를 인용했다. 피고는 지방법원 판결과 마찬가지인 판결을 요청하여 상고했다.

판결요지

상고인용,

교회내부의 형태가 건축저작물로서 저작권법의 보호를 누릴 수 있는 경우에는 건축의 본질을 침해하는 변경에 대한 적법성은 저작자의 이익과 소유자의 이익과의 형량에 따른다.

만약 교회내부의 설계물이 있는 건축가가 그 소유자인 교회공동체가 교회당을 예배를 위해 이용하는 것을 알고 있었다고 한 사정이 있다면 이익형량에 있어서 고려대상이 된다. 건축가는 예배형식이 변화하는 것을 예측하여 그것에 대응하여 교회 내부가 변형될 필요성이 생기는 것을 각오해야 한다.

예배를 위해 교회 내부공간의 변형이 필요한 것인지, 만약 필요하다면 어떠한 범위에서 변형되어야 하는지에 대한 판단에 관하여 교회공동체의 자기결정이 존중될 것이다. 교회공동체가 그 신앙의 확신이 있다는 것과 그것에 따르면 변형이 필요하게 된다는 것을 설명하면 족하다. 그와 같은 설명이 합리적이라면 국가와 국가의 재판소는 신앙에 대하여 평가를 함에 있어서는 신중해야 한다.

2. 벽화[1)]

1) 사안과 판시

사실관계

원고는 1894년 베를린에 살고 있는 피고의 주문에 따라 그녀의 집 계단부에 '바위섬의 사이렌/Felseneiland mit Sirenen/'이라는 프레스코벽화를 그렸다. 피고는 후에 원고의 동의 없이 원래 나체로 그린 프레스코화의 사이렌에게 옷을 입히는 방법으로 덧칠을 하게 하였다. 원고는 피고에게 그림을 공중이 보지 않도록 예방조치를 구하는 소를 제기하였다.

화해절차는 별다른 소득이 없었다. 그런데 피고는 원고의 서명을 그림에서 제거하였고 덧칠한 부분을 덮어서 감추었다. 원고는 이에 대해 청구취지를 확장하였다. 피고가 덧칠한 부분을 조심스럽게 다시 제거하도록 하는 판결을 구했다/특별한 어려움 없이 가능하다/. 피고에게 피고 계단집의 그림에 베일을 덮지 않은 상태로 둘 수 있는 권능이 없음을 확인하는 판결을 구했다.

소는 이름 있는 예술가인 원고의 인격권을 근거로 제기되었다. 피고는 주문한 저작물에 대한 소유권을 가지며, 피고의 집은 개인 소유이고, 개인의 사생활이 있는 집이며, 따라서 대중이 그림을 관람할 수 없다고 주장했다.

지방법원은 주청구를 기각하고 예비적 청구에 따라 판결하였다. 이 판결에 대해 양 당사자 모두 항소하였다. 항소법원은 피고의 항소를 기각하였고, 원고가 제기한 항소에 대해서는 피고에 의해 행해진 덧칠

1) 번역은 가능한 한 직역을 원칙으로 하였다. 또한, 변개시키는 행위에 대해서 우리 저작권법에서 사용하고 있는 용어를 참고하여 일반 저작물인 경우에는 '변경'을, 건축저작물인 경우에는 '변형'으로 하여 구별하여 사용하고자 한다.(저작권법 제13조 참조)

을 다시 제거하라는 내용의 판결로 지방법원의 판결을 변경하였다. 피고의 상고는 기각되었다.

2) 관계법령

1907. 1. 9 미술과 사진저작물의 저작권에 관한 법률[Gesetz betreffend das Urheberrecht an Werken der bildenden Künste und der Photographie vom 9. Januar 1907(RGBl. S. 7)][2)]

제12조[3)]

저작권을 양도한 경우 다른 합의를 하지 않았다면, 취득자는 권능을 행사할 때에 저작물 자체, 저작물 표시 혹은 저작자 표시를 변경할 수 있는 권리를 가지지 않는다.

권리자가 신의성실의 원칙에 따라 변경에 대해 동의를 거절할 수 없는 경우에는 변경은 적법하다.

제13조[4)]

저작물에 저작자 이외의 사람에 의해 저작자의 성명 또는 서명이 행해질 때에는 저작자가 동의한 경우에만 기재될 수 있다.

---

2) 이 법률을 흔히 KUG로 표시하기도 한다.

3) § 12
Im Falle der Übertragung des Urheberrechts hat der Erwerber, soweit nicht ein anderes vereinbart ist, nicht das Recht, bei der Ausübung seiner Befugnisse an dem Werk selbst, an dessen Bezeichnung oder an der Bezeichnung des Urhebers Änderungen vorzunehmen. Zulässig sind Änderungen, für die der Berechtigte seine Einwilligung nach Treu und Glauben nicht versagen kann.

4) § 13
Der Name oder der Namenzug des Urhebers darf auf dem Werke von einem anderen als dem Urheber selbst nur mit dessen Einwilligung angebracht werden.

제15조[5]

저작자는 저작물을 복제 · 영업상 배포 · 기계 또는 광학적인 장치를 수단으로 하여 영업상 상연할 배타적 권능을 가진다. 배타적 권능은 대여권을 포함하지 않는다. 모방하는 것과 건축저작물, 건축저작물의 설계도의 경우에는 모형에 따라 짓는 것도 복제로 간주된다.
이미 존재하고 있는 저작물을 모방하여 조형예술저작물 또는 사진저작물과 다른 저작물을 제작한 자도 제1항에 규정된 권능을 가진다. 그러나 원저작물의 저작자가 동일하게 보호를 누리는 경우에는 모방한 자는 이 권능을 원저작자가 동의를 한 경우에만 행사할 수 있다.

제18조 제3항[6]

복제(물)에 저작물 저작자의 성명 또는 여타 표시가 혼동을 야기할 수 있는 방법으로 기재되는 것은 금지된다.

제19조 제2항[7]

타인의 저작물을 이런 방법으로 이용하는 자는 저작물에 출처가 명시된 경우에는 출처를 명백하게 밝혀야 한다.

---

5) § 15
Der Urheber hat die ausschließliche Befugnis, das Werk zu vervielfältigen, gewerbsmäßig zu verbreiten und gewerbsmäßig mittels mechanischer oder optischer Einrichtungen vorzuführen; die ausschließliche Befugnis erstreckt sich nicht auf das Verleihen. Als Vervielfältigung gilt auch die Nachbildung, bei Bauwerken und Entwürfen für Bauwerken auch das Nachbauen.
Auch wer durch Nachbildung eines bereits vorhandenen Werkes ein anderes Werk der bildenden Künste oder der Phtographie hervorbringt, hat die im Abs. 1 bezeichneten Befugnisse; jedoch darf er diese Befugnisse, sofern der Urheber des Originalwerkes gleichfalls Schutz genießt, nur mit dessen Einwilligung ausüben.

6) § 18 Abs. 3
Verboten ist es den Namen oder eine sonstige Bezeichnung des Urhebers des Werkes in einer Weise auf der Vervielfältigung anzubringen, die zu Verwechslungen Anlaß geben kann.

7) § 19 Abs. 2
Wer ein fremdes Werk in dieser Weise benutzt, hat die Quelle, sofern sie auf dem Werke genannt ist, deutlich anzugeben.

제21조[8)]

제19조, 제20조를 근거로 한 복제는 재생된 저작물에 어떠한 변경도 행해지지 않았을 경우에만 적법하다. 그러나 복제에 사용된 방법 자체가 야기하여 크기의 변화가 생겼거나 변경이 이루어진 저작물의 양도는 허용된다.

독일 민법(Bürgerliches Gesetzbuch vom 18. August 1896)

제12조(성명권)[9)]

타인이 이름을 사용할 권리를 가지는 사람에 대하여 그 권리를 다투는 때 또는 타인이 권한 없이 동일한 이름을 사용함으로써 권리자의 이익이 침해되는 때에는, 권리자는 그 타인에 대하여 방해의 배제를 청구할 수 있다. 앞으로도 방해할 우려가 있는 때에는 그는 부작위를 소구할 수 있다.

제823조(손해배상의무)[10)]

① 고의 또는 과실로 타인의 생명, 신체, 건강, 자유, 소유권 기타의 권리를 위법하게 침해한 사람은 그 타인에 대하여 이로 인하여 발생하는 손해를 배상할 의무를 진다.

② 타인의 보호를 목적으로 하는 법률에 위반한 사람도 동일한 의무를

8) § 21
Eine Vervielfältigung auf Grund der §§ 19, 20 ist nur zulässig, wenn an dem wiedergegebenen Werke keine Änderung vorgenommen wird. Jedoch sind Übertragungen des Werkes in eine andere Größe und solche Änderungen gestattet, welche das für die Vervielfältigung angewendete Verfahren mit sich bringt.

9) 양창수, 독일민법전[2005년판], 박영사, 2005, 4-5면. 현행의 독일 민법 제12조의 내용과 동일하다.

10) 양창수, 전게서, 530-531면. 현행 독일 민법 제823조와 내용이 동일하다.

진다. 그 법률에 과책이 없이도 그에 위반하는 것이 가능한 것으로 정하여진 때에는, 과책 있는 경우에만 배상의무가 발생한다.

제903조(소유자의 권능)[11]
물건의 소유자는 법률 또는 제3자의 권리에 반하지 아니하는 한, 물건을 임의대로 처리할 수 있고 또 타인의 어떠한 간섭도 배제할 수 있다.

3) 판결문

판결요지

- 예술가는 개별적 독창성을 발휘하여 창작한 저작물이 동시대나 후대의 사람에게 변경되지 않은 개별적인 형성물로만 접근되거나/이용하게 하거나/ 유산으로 남겨지는 것에 대한 법률상 권리를 가진다.
- 예술가가 주문을 받아 예술저작물을 공급하였을 경우, 완성된 저작물에 대해서 처음부터 사법상/私法上/ 보호받을 수 있는 두 가지 권리가 생긴다. 예술가의 저작권과 주문자의 소유권. 저작권은 기본적으로 소유권과 관계없이 행사될 수 있고, 소유권은 저작권과 관계없이 행사될 수 있다.
- 프레스코 벽화의 주문자이자 소유자는 자신이 거주하는 계단이 있는 현관에 그려진 벽화를 저작자의 동의 없이 변경할 권능이 없다. 그 이유는 소유자가 변경을 통해 그림의 예술적 특성을 침

11) 양창수, 전게서, 566-567면 참조. 현행 독일 민법 제2문이 1896년도의 민법전에는 존재하지 않는다. § 903 BGB Der Eigentümer einer Sache kann, soweit nicht das Gesetz oder Rechte Dritter entgegentstehen, mit der Sache nach Belieben verfahren und andere von jeder Einwirkung ausschließen.

해할 수 있고, 소유권의 양도에도 불구하고 예술가에게 존속되고 있는 저작권을 침해하기 때문이다.

민법 제903조 침해를 이유로 상고가 제기되었다.[12] 피고의 상고 취지는 다음과 같다. 피고는 그림에 대한 소유권을 취득하였고 이를 근거로 어떠한 방법으로든 이용할 수 있고, 특히 그림을 폐기하거나 변경할 수 있다. 저작자 보호는 이것 외에 그림이 공중에게 접근되는 것을 전제로 하는 경우에만 고려된다. 이것은 본건에 있어서는 문제 밖의 사안이다. 그림은 개인 집에 있었고, 피고 외에는 1층에 임차인만이 거주하고 있었다. 집은 닫혀져 있었고, 그림은 1층에서 인식될 수 없다.

하지만 상고는 근거가 되지 않는다/상고는 성공하지 못했다/.[13] 판결을 내린 재판부는 RGZ Bd. 69 403면에 공표된 판결문에서 비록 우리의 현행 민사권리에 일반적인 주관적 인격권을 승인하고 있지 않다고 하더라도, 특별히 규정된 인격권이 있다는 것을 선고하였다. 재판부는 이것과 함께 저작권의 인격권적인 구성부분을 특별히 암시하였다. RGZ Bd. 69 242면에 인쇄된 재판부의 판결문에서 1901. 6. 19 자 문학과 음악저작물의 저작권과 관련된 법률/[LUG, Gesetz betreffend das Urheberrecht an Werken der Literatur und der Tonkunst vom 19. Juni 1901(RGBl. S. 227)]/ 제11조[14]를 논의

12) 괄호부분은 필자가 의역한 것이다.

13) 괄호부분은 필자가 의역한 것이다.

14) §11 저작자는 저작물을 복제, 영업상 배포할 배타적 권능을 가진다; 배타적 권능은 대여권에는 미치지 않는다. 저작자는 저작물의 본질적인 내용이 공개적으로 전달되지 않는 한도에서는 또한 배타적으로 전달할 권능이 있다.
각본 또는 음악 저작물에 대한 저작권은 그 저작물을 공개적으로 공연할 배타적 권능 역시 포함하고 있다.
어문저작물 또는 강연의 저작자는 그 저작물이 공표되지 않는 한, 저작물을 공개적으로 강연할 배타적 권능을 가진다.
§11 Der Urheber hat die ausschließliche Befugnis, das Werk zu vervielfältigen und gewerbsmäßig zu verbreiten; die ausschließliche Befugnis erstreckt sich nicht auf das Verleihen. Der Urheber ist ferner, solange nicht der wesentliche Inhalt des Werkes öffentlich mitgeteilt ist, ausschließlich zu einer solchen Mitteilung befugt.

할 때 다음과 같이 선고하였다. 제11조에서 열거하고 있는 저작자의 권능은 저작권의 개념을 확정적으로 한정한 것은 아니다. 단순한 재산상의 이익뿐만 아니라 작가의 저작물이 어떻게 저작되고 공표되는 지에 관한 작가의 정신적 이익 역시 보호되어야 한다. LUG 제9조[15]의 규정은 저작자가 저작권 자체를 양도한 경우에도 자신의 저작물이 변경되지 않고 재현되어야 한다는 것이 저작자의 인격적 이익인데, 이 이익이 여전히 법률상 보호를 누릴 수 있는지 여부에 관해서 의문을 일으키도록 한다. 저작물의 내용과 형태에 관해서 처분할 수 있는 배타적 권능을 저작자가 가진다는 것이 자명한 것으로 전제될 때 위 제9조 표현에 관한 의문에 대해 긍정적인 견해가 가능하다. 동일한 생각이 1907. 1. 9 예술보호법/KUG/에 대해서도 행해졌다. (KUG의) 제12조, 제13조, 제15조 이하, 제18조 제3항, 제19조 제2항, 제21조의 명시적인 규정은 저작권법상의 권능을 소진시키지 않는다. 이 규정들은 근대적인 권리인식에 부응된 것으로, 예술가의 개별적인 창작성의 발현으로서 창작된 저작물이 동시대 사람과 후대의 사람에게 저작자의 형성물이 변경되지 않은 개별적 형태로 접근되게 하거나 남겨지게 하는 것에 대한 예술가의 권리를 법률상 보호하는 것이다. 이러한 입법사상은 예술가가 자신의 저작권 자체를 완전히 또는 부분적으로 타인에게 양도

Das Urheberrecht an einem Bühnenwerk oder an einem Werke der Tonkunst enthält auch die ausschließliche Befugnis, das Werk öffentlich aufzuführen.

Der Urheber eines Schriftwerkes oder eines Vortrags hat, solange nicht das Werk erschienen ist, die auschließliche Befugnis, das Werk öffentlich vorzutragen.

15) §9 저작권을 양도한 경우 다른 합의를 하지 않았다면, 취득자는 저작물 자체, 저작물 표제 그리고 저작자 표시에 부가, 축소 또는 여타 변경할 수 있는 권리를 가지지 않는다.

권리자가 신의성실의 원칙에 따라 변경에 대해 동의를 거절할 수 없는 경우에는 변경은 적법하다.

§9 Im Falle der Übertragung des Urheberrechts hat der Erwerber, soweit nicht ein anderes vereinbart ist, nicht das Recht, an dem Werke selbst, an dessen Titel und an der Bezeichnung des Urhebers Zusätze, Kürzungen oder sonstige Änderungen vorzunehmen.

Zulässig sind Änderungen, für die der Berechitgte seine Einwilligung nach Treu und Glauben nicht versagen kann.

한 경우만을 법률에서 명시적으로 규정하고 있다. 이 저작권을 양도받은 사람 역시 자신의 권능을 행사한다고 할지라도 예술저작물 자체, 저작물 표시 또는 저작자 표시를 변경할 수 있는 권리를 가지지 않는다. 권리자가 신의성실의 원칙에 따라 변경에 대한 동의를 거절하지 않았을 경우에만 변경은 적법하다/비교 : 출판법 제13조[16]/. 이와 함께 예술가의 인격권은 특히 출판자 또는 예술가가 자신의 저작권을 복제 · 영업상 배포 · 영업상 공연을 목적으로 양도한 경우, 그들과의 관계에서도 보호된다. 예술가와 저작물의 소유권자의 관계에 관한 규정은 법률에서 전혀 직접적으로 표현되고 있지 않지만, 일반규정이 예술가 보호를 충분히 보장하고 있다. 일반적으로 변경된 저작물을 공표하는 것이 저작자의 예술적 명예를 침해하거나 공중의 혼동 위험과 연결되어 있을 때에 일반 규정이 예술가를 충분히 보호하고 있다고 추정할 수 있다/입법이유, 예술법안 제12조[17] 19면[18]/. 여기에 따르면 입법자는 권리보호의

16) 1901. 7. 19. 출판권에 관한 법률[Gesetz über das Verlagsrecht vom 19. Juni 1901(RGBl. S. 217)]
제13조 출판인은 저작물 자체, 저작물의 제목 그리고 저작자 표시에 부가, 축소, 여타의 변경을 하여서는 아니 된다.
저작자가 신의성실의 원칙에 따라 변경에 대한 동의를 거절할 수 없을 때에는 변경은 적법하다.
§ 13 Der Verleger darf an dem Werke selbst, an dessen Titel und an der Bezeichnung des Urhebers Zusätze, Kürzungen oder sonstige Änderungen nicht vorzunehmen.
Zulässig sind Änderungen, für die der Verfasser seine Einwilligung nach Treu und Glauben nicht versagen kann.

17) 1905. 11. 28. 미술과 사진저작물의 저작권에 관한 법률안(제국의회 출판물 30호)[Entwurf eines Gesetzes betreffend das Urheberrecht an Werken der bildenden Künste und der Photographie vom 28. November 1905(Reichstags-Drucksache Nr. 30) 제12조는 앞서 관계법령에서 소개한 KUG 제12조와 일치한다.

18) 이 법안의 제12조에 대한 입법이유를 다음과 같이 설명하고 있다. 제12조 규정은 저작물을 변경, 왜곡 그리고 이와 유사한 행위와 사정에 따라서는 예술가의 명성을 위태롭게 하는 조치에 대항하기 위한 조항이다. 이 규정은 이전의 LUG에 따라 저작권이 양도된 경우만을 의도하고 있다. 그런 경우 취득자는 저작물 자체에, 저작물의 표시 또는 권리자의 표시를 변경할 수 있는 권능(제15조)을 행사할 수 없다. 변경된 형태의 저작물을 복제 · 영업상 배포 · 기계, 광학상 장치를 수단으로 하여 영업상 상연될 수 없다.
제2항에 따르면 권리자가 신의성실의 원칙에 따라 거절할 수 없는 변경은 허용된다. 이때에 예술계에 존재하고 있는 관행이 고려될 것이다. 복제할 때 적용된 방법에 따라 그 자체로 발생되는 크기의 변화나 변경을 가진 저작물의 양도는 허용된다는 점은 의심의 여지가 없다. 다른 한편, 부분을 생략한 경우 대부분 제12조에서 말하는 저작물의 부적법한 변경에

존속을 전제로 한다. 입법자는 권리존속은 일반권리 규정들로부터 바로 주어졌다고 믿었다. 입법자가 제시한 논거와 비교하면 위에서 언급한 바와 같이 우리 민사상의 권리가 일반적 인격권을 인정하지 않는다고 해석하는 것과 법원의 판결을 통해 발견된 민법 제823조의 해석에 관해서도 의문을 정당화시킨다. 이것으로부터 입법자가 전제로 한 예술가의 권리보호를 거절할 필요성이 전혀 추론되지 않는다. 권리보호는 예술보호법 자체의 필요규정을 보충함으로써 의문을 제거해 낼 수 있고 제거해야 한다.

앞의 사건에서와 같이, 예술가가 선행된 주문에 따라 예술저작물을 공급한 경우, 완성된 저작물에 관해서는 처음부터 사법상 보호받을 수 있는 두 가지 권리가 생긴다. 예술가의 저작권과 주문자의 소유권. 대개 예술가는 예술저작물의 취득자 또는 주문자에게 자신의 저작권을 양도하지 않는 것이 보통의 경우이다. 앞선 사건에서도 예술가는 주문자에게 저작권을 양도하지 않았다. 그러나 이것을 근거로 해서 예술보호법 제12조 규정을 직접 적용할 수 없다. 일상에서 발생하는 사건 가

해당된다고 인식될 수 있다. 거래의 관점에서 보아 저작물을 판단함에 있어 중요하다고 볼 수 있는 저작물의 창작연도 표시와 같은 표지를 생략하는 것은 부적법한 변경으로 볼 수 있다.

권리자는 이용허락을 할 수 있다. 본 법률안은 LUG와 일치되게 저작자를 저작권을 발생시킨 사람뿐만 아니라, 관계로부터 어떤 다른 것을 추론할 수 없을 경우에는 상속인도 저작자로 염두에 두고 있지만, 다른 권리승계인은 염두에 두고 있지 않다. 이와 반대로 권리자는 주어진 사실에서 저작권을 행사할 수 있는 사람이라고 이해될 수 있고, 그 결과 사정에 따라서는 출판인도 권리자가 될 수 있다.

저작권을 양도하지 않았음에도 저작물이 변경된 경우에 대해서는 법률안에서 아무런 규정을 하고 있지 않고 있다. 법률안에서는 소유자나 점유자가 회화, 표시 등을 변경하는 것을 주로 다루고 있다. 이런 유형의 경우, 변경된 저작물이 공중에게 보이지 않는 한, 비록 변경이 되었다고 하더라도 법률이 저작자 보호에 개입할 필요가 있는 범위 내에서는 저작자의 이익은 침해된 것은 아니다. 예를 들어 광범위한 사람들이 전시를 통해 변경된 저작물에 접근할 수 있어, 무엇보다도 저작자의 예술적 명성이 침해되었거나 혹은 대중의 혼동위험이 변경된 저작물의 공개와 결부되었을 때에는 일반 권리조항이 충분한 보호를 해줄 것이다. 민법 제12조의 성명권도 이때에 고려된다. 저작자의 이름이 기재된 저작물이 변경된 형태로 제3자에게 이용 내지 접근되었다면 이 규정을 근거로 해서 저작자는 침해제거를 청구할 수 있다고 추정될 수 있다.

운데 예술가의 저작권과 예술저작물의 점유자의 소유권 사이에 알력/충돌/은 실제적으로 잘 일어나지 않는 것이 압도적이다. 그러나 개별 사건에서 알력/충돌/이 발생했다면, 기본적으로 저작권은 소유권과 관계없이 행사될 수 있고, 소유권도 저작권과 관계없이 행사될 수 있다. 그 때문에 저작자가 예술저작물을 복제할 수 있는 권리/비교, 예술보호법 제15조 제1항, 제2항/는 소유자가 예술가에게 복제를 목적으로 저작물에 접근할 수 있게/이용할 수 있게/ 하는 것이 전제가 될 때에만 행사될 수 있다. 또 한편으로 저작자가 자신의 저작권을 소유자에게 양도하지 않았거나 복제에 대해 동의하지 않았다면 소유자는 예술저작물을 스스로 또는 다른 사람을 시켜서 복제할 수 없다. 예술저작물의 소유자는 보통의 경우/영리를 목적으로 하는 거래상의 경우는 제외하고/, 예술품을 자신의 점유하에 두는 것을 즐거워하기 때문에 또는 예술저작물이 적당하게 불러일으키는 미학적 인상이 저작물을 종종 관람하는 자신이나 타인에게 영향을 미치도록 하기 위한 목적으로 예술저작물을 취득한다. 소유자의 취향이 변하여, 또는 어떤 이유로든지 예술저작물에 대해서 싫증이 났다면 소유자는 예술저작물을 양도 · 매도 · 교환 · 증여하거나, 자신이 거주하는 공간으로부터 제거하여 자신 또는 다른 사람이 보지 못하도록 할 것이다. 물론, 소유자가 통례적으로 예술저작물을 완전히 파괴할 수 있는 권리를 부정할 수는 없다. 소유자는 이러한 행위를 통하여 존속하고 있는 저작물의 예술적 특성/고유성/을 침해하지만 이와 동시에 예술가의 인격권은 침해하지 않는다. 보통, 저작물에 대한 소유권을 양도하고 이에 대한 대가를 지불받은 예술가는 처음부터 자신의 저작물에 발생 가능한 운명에 대해서는 점유자의 손에 맡겨야 한다. 그러나 피고는 예술가의 저작권과는 모순되지 않지만 소유자라고 하더라도 하지 말아야 할 것을 해버렸다. 피고는 자신이 거주하고 있는 건물의 계단부에 설치한 그림을 그 자리에 그대로 두었고, 그림을 폐기하거나 그 집으로 방문하는 사람들이 보지 못하도록 한 것이 아니라, 나체로 된 여성형상에 옷을 입히는 덧칠을 하게 함으로써 그림의 예술적 특성을 침해하였다. 이렇게 함으로써 피고는 예술가의 저작물을 변경하였고 소유권의 양수에도 불구하고, 예술가의 동의 없이 저작물을 변경하려는 것에 반대하는 예술보호법 12조에 의해 보호되고 있는 저작권을 침해하였다.

구두공판에서 양 당사자는 피고가 이러한 조치를 하게 된 동기는 중요하지 않다고 주장하였다. 마찬가지로 양 당사자 사이에서는 프레스코 그림이 외설스럽게 작용하는지, 따라서 예술작품의 저작권이 공서양속에 관한 공법상의 더 높은 이익에 양보했어야 했는지에 관해서는 다툼이 없었고 또한, 여기에 대해서는 전혀 주장되지 않았다. 피고는 자신의 조치를 정당화시키는 근거를 소유자로서의 권리를 규정하고 있는 민법 제903조의 규정에 전적으로 의지하고 있다. 그러나 법조문에서 규정하고 있듯이 이 권리는 제3자의 권리를 방해하지 않을 때에만 성립한다. 피고가 그림을 변경한 것은 원고의 저작권을 방해한다.

피고가 이러한 해석에 대해서 피고의 집은 대중이 방문할 수 없으며, 평소에 집은 잠겨 있고 피고와 임차인만이 거주하고 있다고 사실에 의지하였으나 이는 부당하다. 이러한 사정은 집 계단부에 설치된 프레스코를 불특정 그리고 통제할 수 없는 범위의 사람들이 접근하여 구경할 수 있다는 것을 배척하지 않는다. 피고나 피고의 임차인이 거주하는 곳을 항상 방문하는 사람들은 그림을 구경할 수 있고, 비록 피고가 이런 사정에 대해서 적당한 예방수단을 강구하였다고 할지라도, 이 집을 매도하였을 경우에 원고는 변경된 그림이 지속적으로 집을 방문하는 사람들에 의해서 관람되지 않을 것을 확실히 보장할 수 없다. 대도시에서 사람이 거주하고 있는 집의 계단부에 프레스코 그림을 설치하였다는 것은 비록 제한적이라고 할지라도 처음부터 확실히 공공성이 주어진다. 원고의 청구권은 저작권의 보전을 위해서 어떠한 인격적 이익도 성립하지 않는다는 관점 아래에서도 기각되지 않는다. 예술가로서의 명예 및 명성과 불가분적으로 결합된 원고의 인격적 이익은 상술했다시피 법률상 보호받는 권리이다. 이러한 권리침해 사실은 원고가 예술가로서 다시 제작을 구하는 것을 내용으로 하는 소의 제기도 정당화시킨다. 이 이익은 양 당사자의 일치된 진술에 따라 덧칠 제거를 하는 한도에서 성취될 수 있다.

3. 학교건물

독일의 교사증축사건/校舍增築事件, Schulerweiterung/[19]을 살펴보고자 한다.

사실관계

원고는 피고가 동업자로 일하였던 건축사무소의 소유자로서 1960년 조버하임/Soberheim/에 있는 초등학교 신축을 위한 건축공모전에서 1등을 차지하였다. 학교는 1966년 원고의 설계도와 건축지도에 따라 건축되었다. 원고는 학교운영자와 계약을 체결하여 설계도와 건축물에 대한 저작권을 가지게 되었다.

1969년 조버하임 군/郡/은 원고의 전 주소로 편지를 보내 도움을 청했다. 그 사이에 원고가 스키를 타다가 사고를 당해 뇌진탕을 입었

19) BGH GRUR 1974, 675 - Schulerweiterung; 본 독일 판결은 발표자가 부산판례연구회에서 발표한 내용을 재인용하였다.(부산판례연구회, 판례연구(제20집), 2009, 873-912면 참조.

고 뇌진탕의 결과로 뇌활동의 방해가 수반된 신경쇠약 때문에 원고의 사무실을 계속해서 유지할 수 없었기 때문에 1969. 1. 6 피고와 계약을 체결하여/이 계약은 후에 취소되었고, 무효라고 주장되었다/ 피고가 사무실을 인수받았다. 조버하임 군은 원고에게 초등학교의 증축을 계획해서 개축설계를 맡아줄 것을 부탁하였다. 편지를 받았던 피고는 조버하임 군에게 자신이 원고의 권리승계인이라고 통지하였다. 원고는 피고에게 계약으로 저작재산권을 이용허락하였다. 원고에게 설계위탁이 될 경우에 피고는 원고의 조버하임 군에 대한 모든 청구권으로부터 면제시켜야 할 의무가 있었다.

1970. 6. 30 피고는 조버하임 군의 초등학교를 증축하는 설계와 건축을 수행해달라는 제안을 수락하였다. 학교감독관청이 초안에 대해 승인하는 것을 조건으로 계약이 체결되었다. 피고는 로마 양식 정원풍에 따라 형성된 학교건축물을 정원 성격인 안마당에 두 개의 건물날개를 설치하여 정원을 축소시키고, 이외에 정원성격을 가진 건축물의 외부 모퉁이에는 증축된 건물날개를 덧붙이는 것으로 증축과 변형을 계획하였다.

원고는 자신의 설계도에 따라 조버하임 군에 설치된 초등학교 건물의 변경 · 변형 · 왜곡/원고의 의견에 따르면/하는 것을 반대했다. 원고는 더 나아가서 원고의 설계자료를 이용하는 것을 반대했다. 원고는 이것 외에 조버하임의 건축 예술물로서 저작권보호자격이 있는 학교건축물을 건축했다고 진술했다. 원고의 독창적인 성과는 무엇보다도 로마양식의 안마당이 있는 학교건물은 중앙공간이 트여있으며, 공간들을 둘러싸고 분류 · 배열되었고, 이와 같이 형성된 것이라고 주장했다. 증축을 통해 전체 학교건물의 예정된 변경은 건축의 전체적인 특성을 왜곡시킨다고 주장했다. 변경은 건축의 본질을 침해하고 저작권법으로 보호하고 있는 변경금지가 기초를 이룬다고 주장했다.

또한, 건물의 사용용도를 위해 수선하는 것은 정당화되지만 광범위한 변형을 정당화시키지 않는다. 원고는 이러한 변형을 정당화시킬 수 있는 저작권법상의 이용권을 학교운영자나 피고 누구에게도 허락하지 않았다고 주장했다.

1심의 마지막에 조버하임 초등학교 교사 변형문제에 대해 피고가 건축가로서 받는 보수 및 법원이 재량으로 조정시킨 지급액에 관한 정보제공청구권을 열망했던 원고는 2심에서 다음 사항을 신청했다.

① 원고가 설계하여 조버하임 군에 설립된 초등학교와 관련된 설계자료를 어떠한 형태로든지 피고가 이용하는 것을 금지한다.
② 원고의 설계도에 따라 설립된 조버하임 군의 초등학교를 피고가 변경 · 변형 · 왜곡하는 것을 금지한다.
③ 피고는 원고에게 다음과 같은 정보를 제공할 것을 명하는 판결을 구한다:
  - 초등학교 건축물의 증축과 관련하여 피고가 조버하임 군에 대하여 어떠한 성과를 내었는지 또는 어떤 성과를 내어야 할 의무가 있는지,
  - 원고의 설계도에 따라 건축된 초등학교를 변형 · 증축하는 위임과 관련하여 피고와 조버하임 군이 보수에 관하여 합의한 사항 내지 이미 지급받은 보수액
④ 원고가 피고 대신에 조버하임 군을 위해서 초등학교를 변형 · 증축하는 위임의 범위 내에서 건축가로 활동하였을 경우 받을 수 있는 순이익액을 제공된 정보에 따라 원고에게 지급을 명한다는 판결

⑤ 초등학교의 변형과 증축의 범위 내에서 조버하임을 위해 일함으로써 불필요하게 발생한 모든 손해, 이것 외에 앞으로 발생할 모든 손해를 피고가 배상할 의무가 있다는 점에 대한 확인을 구하는 판결을 구했다.

피고는 문제의 전체 학교건물이 저작권법상 보호자격이 있는 저작물인지 여부에 관해서 의문을 제기했다. 다수의 건물로 구성된 학교를 기획 하에 증축할 경우, 저작권법상 이미 있는 건축저작물의 변형이 중요한 것이 아니라, 존재하고 있는 학교건물을 그대로 두어야 하는 새로운 건축저작물의 건축이 중요하다. 또한, 이것은 모방건축이 아니다. 기획된 건물은 구조와 외관에 있어서 원고의 원 설계도와 공통점이 전혀 없다. 안마당은 시의 요청에 따라 건축되어야 했었고, 이렇게 함으로써 공간적으로 제한된 부동산을 더욱 효율적으로 활용할 수 있었다. 이러한 해결은 비용문제에 따라 요청된 것이다. 원고의 설계도는 이용되지 않았다. 적어도 실용적 건축물에 있어서는 일상적인 것이며, 따라서 허용된 변형이라고 할 수 있다.

피고는 계속해서 다음과 같이 주장했다. 법원은 1970. 4. 14 에 당사자의 법정화해에서 중재감정인합의를 근거로 저작권에 관한 부분과 문제의 학교가 보호자격이 있는지에 대한 판결을 하여서는 아니 된다. 소 제기자로서 원고가 신청한 가처분절차/본질적으로 설계자료의 인도와 관련된 것이다/에서 양 당사자는 화해를 합의하였고 내용은 다음과 같다.

소 제기자의 저작권은 법률의 범위 내에서 침해되지 않는다. 계쟁사건에서 라인란트-팔츠 건축부가 중재감정인으로 결정하여야 한다.

소는 모든 심급에서 성공하지 못했다.

판결요지

소유권자가 이전의 설계도면을 이용하지 않고 저작권법상 보호받고 있는 건축물을 변형하거나 증축하는 경우, 그 변형과 증축이 건축저작물의 왜곡을 포함하지 않고, 또한 저작권자의 이익과 소유권자의 이익을 형량한 결과 저작권자가 변경과 증축을 기대할 수 있는 경우라면 이러한 변형과 증축은 저작권법상 적법한 것이다.

항소심 판결이 건축저작물의 경우 규정된 대로의 건물의 사용목적에 따라 변형이 항상 허용되어야 한다는 방향으로 보는 것은 생각 못할 바는 아니다. 조금 더 생각해본다면, 결론적으로 저작권법상 보호자격이 있는 건축저작물을 변형할 때에는 항상 이익형량을 할 여지가 있다. 즉 이는 단순히 변형의 목적제한적 필요성에 달려 있다. 사용목적은 처음부터 저작물 창작자의 저작인격권적인 이익보다 우선될 수 있다. 이러한 관찰방법은 자신이 창작한 저작물을 변경시키지 않고 개별화된 형태로 유지할 권리를 기본적으로 가지는 저작자를 보호하고자 하는 것과 맞지 않는 면이 있다. 판결은 이것 또한 오해하지 않았다. 구체적인 사건과 관련하여 이익형량을 적절하게 고려했기 때문이다. 이익형량을 하는 경우 원고가 알고 있는 교사/校舍/의 이용목적과, 규정에 따라 교사를 증축하려고 계획한 학교 운영자의 입장을 고려해 볼 때, 건축물을 사용하는 목적의 기본적 이익과 이것을 유지하는 경우 발생할 수 있는 이익의 중요성을 함께 고려하여야 한다. 이때에 법원은 가능한 한 비용을 절약하면서 저렴하게 증축하고자 하는 소유권자의 이익과 관계가 있는 경우, 법규에 위반되지 않는다면 학교운영자의 비용이익도 함께 고려대상에 넣을 수 있고 또한 넣어야 한다. 그러나 저작권법상 보호자격이 있는 건축저작물의 변형 필요성을 느끼는 소유자라고 하더라도 기본적으로 관련 저작자의 저작인격권적인 이익을 가능한 한 적게 침해하는 해결책을 찾아야 하는데, 소유권자가 창작된 건축저작물을 의도적으로 변형하는 것이 관계된 저작자가 기대할 수 있는 것인지 여부를 이익형량 시 중요하게 고려하여야 한다. 이것 외에, 경우에 따라 저작권을 더욱 적게 침해하는 다른 해결책의 모색 여부는 그다지 중요한 의미를 가지지 않는다. 법원은 학교를 증축하려고 계획한 학교운영자의 이익에 비해서 원고의 저작자로서의 이익을 적게 평가하였는데, 이 때 피고가 이런 변경을 시도하는 것을 원고가 기대할 수 있는 것으로 간주했다.

사실심의 판사들이 법리 오해 없이 행한 평가 속에는 원고가 창작한 건축저작물의 창조적 개별성을 다소 적게 평가하고 있다. 법원이 이러한 개별성으로부터 저작자의 정당한 이익을 적게 추론했지만, 법적인 근거는 침해하지 않았다.

법원은 소유권자의 계획된 변경으로 인한 저작자의 이익에 대한 침해는 법률을 위반하지 않았고 중대하지 않은 것으로 간주하였다. 법원의 법리 오해가 없는 사실관계 확인에 따르면 본 사건에서 행해진 변형은 원고가 창작한 건축저작물의 예술적 실체를 본질적으로 침해하지 않았다.

4. 조각 저작물

사실관계[20]

국제적으로 유명한 조각가이자 예술가인 원고/Hajek/는 1972년과

20) LG München I NJW 1982, 655 – Entstellung eines Kunstwerks.

1973년에 걸쳐 피고/ADAC/의 본부건물의 외부와 내부뿐만 아니라, 계단부분, 공중탑, 지붕탑, 식당, 정원 등에 조각과 그림들로 구성된 예술작품을 만들어 주었다. 1977년 초에 피고는 본부의 입구부분을 개축함과 동시에 확장하기 위하여 입구 면의 내부와 외부에 있는 그림과 "직진표시" 등을 제거하였다. 이에 원고는 1972년 11월의 기획에 따라 창작되어 본부건물의 구성부분이 된 전체로서의 예술품 중 일부분을 파괴한 것에 대해서 원형대로 복원하고 자신이 제시한 색깔로 재생하도록 하여달라고 청구하였다. 독일의 뮌헨지방법원은 원고의 청구를 인용하면서, 판결문에서 피고에게 두 가지 방안을 제시하였다. 피고가 원고 저작물의 왜곡을 다양한 형태로 제거해야 하는 것은 피고의 의무와도 일치한다고 하면서, 피고가 저작물을 이전 상태로 다시 되돌려놓든지 혹은 원고의 저작물의 잔여부분들을 제거하든지 하는 것은 피고의 선택사항이라고 하였다. 이에 피고는 사무실 확장이 불가피하였기 때문에, 법원의 두 번째 방안을 받아들여 원고의 저작물을 제거하였다. 이와 같이 건축저작물이거나 예술품이 건축의 구성부분이 된 경우 예술품을 파괴하는 것을 변경금지에 포함시키지 않고 오히려 문제해결방안으로 보고 있다.

판결요지

소는 적법하다/저작권법 제97조 제1항, 제14조/. 이 규정에 따라 저작자는 피고의 개축행위에 의해 자신의 저작물이 왜곡되었다면 그 왜곡의 제거를 청구할 수 있다. 왜곡의 의미는 저작물의 본질을 일그러뜨리거나 변조하는 것을 말한다.

양 당사자가 어떠한 이의를 제기하지 않은 감정인의 확신 있는 진술에 의하면, 원고의 예술적 의도는 대부분 상자형태로 된 시멘트, 철,

유리, 바둑판식의 근대적 구조체의 고립을 해체하고, 이러한 고립을 도시적이고 시골적인 것으로 그 주변에 연결하고, 고립에 대응하는 의미를 색채와 조각을 통해 적극적으로 심리를 자극하고 의미를 부여하는 효과를 표현하여, 이를 보는 이로 하여금 건축물로 된 일체의 기능을 직관적으로 느끼게 하는 것이며, 이러한 것이 원고의 예술적 기도에 존재하는 중심적 사상이다. 이런 경우에 특히 도착과 출발, 방문객길, 출입구, 현관로비, 계단이 있는 공간, 복도 등을 색채, 색채선, 색채를 넣은 기하학적인 장식면 등을 서로 관련성 있게 설치하였다. 원고의 예술적 형성의 각 개별적 요소들은 전체적인 개념을 통하는 부분들이지 순수한 장식적인 추가물은 아니다. 딱딱한 건축물은 부드럽게 되었다. 피고의 본관건물의 형성과 관련해서는 원고는 전체 건축물 속에 전제된 본질을 세 개의 구조로 형성하고자 하였다.

감정인이 법정에서 공감할 수 있는 방법으로 설명하였다시피 원고의 개념은 단일체로 이해하였고, 단일체를 특정된 색채법칙과 지리적인 색채영역의 관련성을 통해서 그리고 건물의 바깥 부분과 안면 부분에 특정 장식을 반복하는 것에 의해 이러한 개념을 강조하였다. 원고가 제출한 기획안과 사진에서 알 수 있는 바와 같이 그리고 감정인이 확인해 준 바와 같이, 1층의 기둥 사이에 있는 자유공간이라는 원고의 개념은 핵심부분 내지 중심점이었고, 더 구체적으로는 복도와 계단부의 색채띠와 장식, 탑의 색채영역 사이는 원고의 중심적인 개념을 기반으로 한 것이라고 말할 수 있다. 이 경우 공개된 홀 내부의 탑 받침대의 색채장식은 바깥에서 보이고, 원래 공개된 1층을 통해서 대각선으로 작용한다. 차의 도착과 출발에 적용된 색채길 옆에 있는 피고의 본관은 원고가 1층의 공개 홀에 예술적이고 장식적으로 창작한 바닥연결에 의해 공간과 구조를 형성하였다. 여기에 덧붙여 원고의 관념에 따라, 대비되는 것으로서 색채를 칠한 시멘트추를 가진 입체적인 구조 영역을 예술정원으로 구현하였다.

피고가 개축함으로써 이 단일체는 파괴되었다. 그러나 외측 건축물에 형성된 부분/지붕과 3개의 탑에 있는 그림, 두 개의 비워진 거리표시/과 건물의 내부/복도, 주계단부, 식당 그리고 정원의 마당 뒤/는 계속해서 존재하고 있다.

1층 홀의 형성물의 나머지가 아직 남아 있다. 이러한 변형, 즉 중심에 있는 주요부분을 추출해내는 것은 감정인이 명확하게 설명한 바와 같이, 의미결합체를 파괴하였다고 예민하게 느끼게 만들고, 시각적인 연속성을 절단시키는 것이다. 이와 함께 피고의 침해행위 때문에 원고의 예술저작물 전체가 동시에 왜곡되었다. 야만적인 문화 파괴행위로서 1층 홀을 개축하는 것인지 여부와 원고저작물이 의미 깊게 결합되어 있는 핵심부분을 파괴하여 나머지 부분을 느끼게 하는 것은 중요하지 않다. 결정적인 것은 원고가 의도한 것이 피고 본관건물의 외형을 하나의 단일체로서 구성하고자 한 것이었는데, 피고는 1층의 안과 주위를 들어가는 입구영역을 제거하여 전체 저작물의 통일성을 파괴하였다.

원고저작물의 왜곡을 제거할 피고의 의무는 피고가 다양한 방법으로 수행할 수 있다. 이전의 상태로 다시 제작하든지 또는 원고 저작물의 조각들을 제거하든지 그러한 것은 피고의 재량이다.

5. 도라산역 벽화

원고는 한국에서 유명한 미술가로서 미술대학에서 교수로 정년퇴직하였고, 30년 가까이 비무장지대를 중심으로 평화운동을 해왔다. 피고는 대한민국으로서 관할기관은 통일부이다.

– 2007. 1. 23. 도라산 역사 내에 설치할 미술저작물 제작공급계약 체결

– 2008. 1. 경 피고에게 저작물 인도. 피고는 본 벽화에 대한 소유권 취득

본 미술작품은 포토콜라주/photocollage/기법으로 창작되었고, 폭이 2.7미터, 길이가 100미터 정도이며, 총 14점으로 구성되어 있다.

– 2010. 2. 3. 벽화 교체계획안 확정

교체이유는 벽화의 색조가 어둡고, 내용이 난해하며, 내용을 이해하는 것이 곤란하며, 민중화처럼 보여 공공장소인 역사/驛舍/에는 어울리지 않기 때문이라는 것이다.

– 2010. 4. 1.부터 4. 15.까지 벽화교체에 관한 설문조사실시

설문조사는 관광객 140명에게 실시하였는데, 연간 관광객은 약 50만 명으로 추산된다.

– 2010. 4. 30. 전문가 회의실시

– 2010. 5. 6. 벽화철거를 결정

철거공사는 벽화에 물을 강하게 분사하여 소규모로 벽화를 절단하는 등 벽으로부터 벽화를 박리하는 방법으로 진행하였다.

– 2010. 5. 18. 벽화의 철거 완료

– 2010. 6. 11. 원고는 청원서를 제출(철거이유, 철거에 의해서 벽화의 훼손여부, 현재 보관 상태 등에 관하여 질의)

– 2010. 6. 17. 피고의 회답

– 2011. 초경 벽화 소각

– 2012. 3. 20. 제1심 판결[21)]

– 2012. 11. 29. 항소심 판결[22)]

21) 서울중앙지방법원 2012. 3. 20. 선고 2011가합49085 판결.

– 2015. 8. 27. 대법원 판결[23)]

원심판결요지

판결의 쟁점은 다음의 두 가지이다. 첫째, 피고의 행위가 원고의 동일성유지권을 침해하는지 여부이고, 둘째, 피고의 행위가 원고의 예술의 자유 또는 인격권을 침해한 불법행위에 해당하는지 여부이다. 재판부는 동일성유지권 침해가 되지 않는다고 하면서 그 근거를 다음과 같이 들고 있다.

① 동일성유지권은 저작물 소유권자의 처분행위에 대항할 수 없다고 보아야 한다.

㉮ 피고가 이 사건 벽화를 떼어낸 후 소각하여 폐기한 것은 이 사건 벽화의 소유권자로서의 권능을 행사한 것이라고 보아야 하고, 이에 대하여 원고가 동일성유지권을 주장할 수는 없다고 보아야 한다. 즉 원고가 저작물 원본에 대한 소유권을 피고에 양도하고 이에 대한 대가도 지급 받은 이상, 그 저작물이 화체된 유형물의 소유권자인 피고의 그 유형물 자체에 대한 처분행위를 제한할 법적 근거가 없으며, 특별한 사정이 없는 한 저작권법상 동일성유지권이 보호하는 '저작물의 동일성'은 저작물이 화체된 유형물 자체의 존재나 귀속에 대한 것이 아니라 그 저작물의 내용 등을 대상으로 하는 것이라고 해석할 수밖에 없다. 만일 저작인격권자가 저작물 원본의 소유권 양도 후에도 동일성유지권을 유보하고 소유권의 행사에 대하여 언제라도 이를

22) 서울고등법원 2012. 11. 29. 선고 2012나31842 판결.
23) 대법원 2015. 8. 27. 선고 2012다204587 판결.

추급할 수 있게 한다면, 저작물의 소유권자로 하여금 저작물 보유에 대한 예측할 수 없는 과도한 부담을 갖게 하여 오히려 저작물의 원활한 유통을 저해함으로써 저작권자의 권리를 해할 우려도 있다.

그리고 피고가 이 사건 벽화를 철거하는 과정에서 손상한 행위, 절단한 행위, 방치하여 추가로 손상한 행위는 개별적으로 나누어 보면 동일성유지권 침해 행위를 구성할 여지도 있으나, 위에서 살펴본 바와 같이, 그 궁극적인 폐기행위를 저작인격권의 침해로 볼 수 없는 이상, 위 손상, 절단 등의 행위는 폐기를 위한 전 단계 행위로서 그 폐기행위에 흡수되어 별도의 저작인격권 침해를 구성하지 아니한다고 보아야 할 것이다.

㉯ 특정 형태의 저작물에 대하여는 소유권자에 대한 저작자의 권리를 보장하여야 할 필요성이 있을 수도 있으나 이는 쌍방의 이해관계를 합리적으로 조정한 새로운 법률을 제정하는 방법으로 해결되어야 하며, 원고 주장처럼 쌍방 이익의 비교형량을 통한 현행법의 해석론으로 이를 인정할 수는 없다고 할 것이다. 원고의 주장은 현행 저작권법에 대한 해석의 한계를 벗어나는 것이다.

그리고 베른협약 제6조의2의 저작물에 대한 '기타의 침해'에 공공장소에 설치된 미술작품의 철거행위가 포함된다는 원고의 주장을 인정할 아무런 근거가 없고, 위 협약의 규정이 직접 이 사건에 적용된다고 볼 수도 없다/위 협약에서는 저작인격권의 보호를 '보호가 주장되는 국가'의 입법에 맡기고 있다/.

㉰ 원고의 이 부분 주장은 모두 이유 없다.

② 현행 저작권법상 장소특정적 미술에 대한 특별한 보호는 인정되지 아니한다.

원고가 주장하는 장소특정적 미술이란 현행 저작권법에서는 인정하지 아니하는 개념임이 명백하므로 이에 대하여 다른 저작물에 비하여 특별한 보호를 할 근거가 없다. 원고의 이 부분 주장 또한 현행 저작권법 해석의 한계를 넘는 것으로서 더 나아가 살필 필요 없이 받아들일 수 없다.

대법원판결요지

① 상고이유 ㉮, ㉰에 대하여

㉮ 저작권법은 공표권/제11조/, 성명표시권/제12조/, 동일성유지권/제13조/ 등의 저작인격권을 특별히 규정하고 있으나, 작가가 자신의 저작물에 대해서 가지는 인격적 이익에 대한 권리가 위와 같은 저작권법 규정에 해당하는 경우로만 한정된다고 할 수는 없으므로 저작물의 단순한 변경을 넘어서 폐기 행위로 인하여 저작자의 인격적 법익 침해가 발생한 경우에는 위와 같은 동일성유지권 침해의 성립 여부와는 별개로 저작자의 일반적 인격권을 침해한 위법한 행위가 될 수 있다.

이와 다른 ㉰전제에서, 저작인격권 침해에 해당하지 아니한다고 평가된 행위는 당연히 법적으로 보호할 가치가 있는 인격적 이익에 대한 침해로도 될 수 없다고 보아야 한다거나, 원심이 이 사건 벽화 폐기행위에 대하여 동일성유지권을 침해하지 않았다고 판단한 다음 이와 별도로 법적으로 보호할 가치가 있는 인격적 이익의 침해는 인정된다고 판단한 것은 이유모순에 해당한다는 취지의 상고이유 주장은 받아들일 수 없다.

② 상고이유 ㉯에 대하여

㉮ 공무원의 행위를 원인으로 한 국가배상책임을 인정하기 위해서는 '공무원이 직무를 집행하면서 고의 또는 과실로 법령을 위반하여 타인에게 손해를 입힌 때'라고 하는 국가배상법 제2조 제1항의 요건이 충족되어야 한다. 여기서 '법령을 위반하여'라고 함은 엄격하게 형식적 의미의 법령에 명시적으로 공무원의 행위의무가 정하여져 있음에도 이를 위반하는 경우만을 의미하는 것은 아니고, 인권존중 · 권력남용금지 · 신의성실과 같이 공무원으로서 마땅히 지켜야 할 준칙이나 규범을 지키지 아니하고 위반한 경우를 비롯하여 널리 그 행위가 객관적인 정당성을 결여하고 있는 경우도 포함한다/대법원 2002. 5. 17. 선고 2000다22607 판결, 대법원 2012. 7. 26. 선고 2010다95666 판결 등 참조/.

예술작품이 공공장소에 전시되어 일반대중에게 상당한 인지도를 얻는 등 예술작품의 종류와 성격 등에 따라서는 저작자로서도 자신의 예술작품이 공공장소에 전시 · 보존될 것이라는 점에 대하여 정당한 이익을 가질 수 있으므로, 저작물의 종류와 성격, 이용의 목적 및 형태, 저작물 설치 장소의 개방성과 공공성의 정도, 국가가 이를 선정하여 설치하게 된 경위, 폐기의 이유와 폐기 결정에 이른 과정 및 폐기 방법 등을 종합적으로 고려하여 볼 때 국가 소속 공무원의 해당 저작물의 폐기 행위가 현저하게 합리성을 잃고 저작자로서의 명예감정 및 사회적 신용과 명성 등을 침해하는 방식으로 이루어진 경우에는 객관적 정당성을 결여한 행위로서 위법하다고 할 것이다.

원심이 인정한 사실과 위와 같은 사정들을 앞에서 본 법리에 비추어 보면, 원고는 특별한 역사적, 시대적 의미를 가지고 있는

도라산역이라는 공공장소에 피고의 의뢰로 설치된 이 사건 벽화가 상당기간 전시되고 보존되리라고 기대하였고, 피고로서도 이 사건 벽화의 가치와 의미에 대하여 홍보까지 하였으므로 단기간에 이를 철거할 경우 원고가 예술창작자로서 갖는 명예감정 및 사회적 신용이나 명성 등이 침해될 것을 예상할 수 있었음에도, 피고가 이 사건 벽화의 설치 이전에 이미 알고 있었던 사유를 들어 적법한 절차를 거치지 아니한 채 그 철거를 결정하고 그 원형을 크게 손상시키는 방법으로 철거 후 소각한 행위는 현저하게 합리성을 잃은 행위로서 객관적 정당성을 결여하여 위법하다고 할 것이다. 그리고 피고의 이러한 이 사건 벽화 폐기행위로 인하여 원고가 정신적 고통을 겪었을 것임은 경험칙상 분명하므로, 피고는 국가배상법 제2조 제1항에 따라 원고에게 위자료를 지급할 의무가 있다.

6. 로스쿨 건물[24)]

사실관계

1950년대에 조각가인 A/이사무 노구치/과 건축가 B/谷口吉郎/는 Y/채무자 - 학교법인 慶應義塾/ 캠퍼스 안에 '신만래사/新萬來舍/'라고 부르는 건물, 조각 2점, 정원 및 '노구치 룸'이라고 불리는 실내조작/室內造作, 이하에서는 본건 작품이라고 한다/을 공동제작하였다. 그런데 2004년 4월에 Y는 법과대학원 개설에 따라 새로운 건물을 건축하기 위하여 이것을 해체하는 공사를 계획하였다. 그 공사의 개요로서는 본건 작품을 해체하여 토지를

24) 澤田悠紀、著作物の原作品の破壊一部復元による著作者人格権侵害、ジュウリスト、 (No. 1324) 2006. 12. 1. 128-129頁.

갈아엎고서 이곳에 새로운 건물을 건축하고 이 건물의 3층 옥상부분에 본건작품의 일부를 다른 사람의 손에 의해 재현하려는 것이다.

A는 1988년에 사망하였고 A의 저작물에 관한 일체의 권리를 A의 최종 유언서에 의해 양수하였다고 주장하는 미국의 X/채권자 - 사이무 노구치 파운데이션/가 Y에 대하여 저작권법 제20조 제1항에 기하여, 본건 공사금지가처분을 신청하였다/본건과는 별도로 Y대학의 교수등이 본건 공사에 관한 내부 의사결정절차에 하자가 있다는 등을 주장하면서 공사금지를 구하였다/.

판결요지

신청각하

노구치 룸을 포함한 본건 건물 전체가 일체로서의 저작물이고 또한, 정원은 본건 건물과 일체가 되는 것으로 설계되었고, 본건 건물과 유기적으로 일체가 되어 있는 것이라고 평가할 수 있다. 따라서 노구치 룸을 포함한 본건 건물 전체와 정원은 일체로서 1개의 건축저작물을 구성하는 것으로 인정하는 것이 상당하다. 조각에 관해서는 정원전체의 구성뿐만 아니라 본건 건물에 노구치 룸의 구조가 정원에 설치된 조각의 위치, 형상을 고려한 것 외에 설계되어 있는 것이기 때문에 B 및 A가 설치했던 장소에 위치하고 있는 것에 한해서는 정원 구성요소의 일부로서 위에서 언급한 1개의 건축저작물을 구성하는 것이지만, 동시에 독립하여 감상하는 대상도 될 수 있는 것으로서 그 자체가 독립한 미술저작물도 된다고 인정할 수 있다.

① 위에서 언급한 것에 의하면 본건 공사는 노구치 룸 및 '무/無/'라고 제목을 붙인 조각을 포함한 정원의 현상을 가능한 한 유지시킨 형태로 이것을 이설하고자 하는 것이지만, 본건 건물 전체에 관하여 그 형상이 개변되는 것은 물론이고, 본건 건물을 특징지우는 부분인 노

구치 룸에 관하여 제작자가 의도하는 특징을 일부 손상시키는 결과를 발생시키고, 정원에 관해서도 주위 토지의 형상 등도 고려에 넣었던 이상의 제작자의 의도가 상실될 수 있는 것이기 때문에 노구치 룸을 포함한 본건 건물전체와 '무'라고 제목붙인 조각을 포함한 정원과 일체가 되는 건축저작물이 본건 공사에 의해서 개변되고, 저작물로서의 동일성을 손상받는 결과가 된다고 말하지 않을 수 없다.

② 저작권법 제20조 제2항 제2호는 건축물에 관하여는 감상의 목적이라고 말하기보다도 오히려 이것을 주거, 숙박장소, 영업소, 학사, 관공서 등으로서 현실적으로 사용하는 것을 목적으로 하여 제작되는 것이기 때문에, 그 소유자의 경제적 이용권과 저작자의 권리를 조정하는 관점부터 저작물 자체의 사회적 성질로부터 유래하는 제약으로서 일정한 범위 내에서 저작자의 권리를 제한하고 개변을 허용하는 것이다. 이것에 비추어 보면, 같은 호에서 예정하고 있는 것은 경제적・실용적 관점에서 필요한 범위에서의 증・개축이고, 개인적인 기호에 기반을 둔 자의적인 개변, 필요한 범위를 넘어서는 개변이 동호의 규정에 의해 허용될 수 있는 것은 아니라고 말해야 한다.

③ 이것을 본건에 비추어 보면 위에서 언급한 바와 같이 본건 공사는 법과대학원개설이라고 하는 공공목적을 위하여 예정 학생수 등을 산출하여 필요한 부지면적의 신교사를 대학부지 내라고 하는 한정된 공간의 가운데에 건설하기 위한 것이고, 게다가 가능한 한 제작자인 A 및 B의 의도를 보존하기 위해 법과대학원 개설예정 시기가 임박해 있어서 보존 워킹그룹의 의견을 채택하는 등 최종안을 결정한 것이고, 그 내용은 노구치 룸을 포함한 본건 건물과 정원을 일단 해체한 후에 이설하는 것이지만, 가능한 한도내에서 현상에 가까운 형태로 복원하는 것이다. 이러한 점 등에 비추어 보면 본건

공사는 저작권법 제20조 제2항 제2호에서 말하는 건축물의 증·개축등에 해당하는 것이기 때문에, A의 저작자인격권/동일성유지권/을 침해하는 것은 아니다(만약, A의 저작물로서 위에서 언급한 바와 같이 본건 건물전체와 정원과를 일체로서 파악한 건축저작물은 아니고 X 등의 예비적신청에서 말하는 바와 같이 본건 건물의 가운에 노구치 룸 부분과 정원을 문제로 했던 경우라도 노구치 룸은 건축물의 일부분으로서 저작권법 제20조 제2항 제2호의 적용을 받고, 정원도 그 성질상 동호의 규정이 유추적용되는 것이라고 해석하는 것이 상당하기 때문에 위에서 언급한 결론은 변하지 않는다).

7. 정원

저작물인 정원에 소유자가 공작물을 설치하는 것이 저작권자의 동일성유지권을 침해하는지 여부에 관한 사안이다. 그런데 본 사안에서 주목할 점은 정원을 저작물로 인정한 점도 특이하다.

1) 사안의 개요

사실관계

본건은 채권자가 오사카 시 북구의 복합시설 '신우매다시티' 안에 있는 정원을 설계한 저작자라고 주장하면서, 같은 정원 내에 있는 '희망의 벽'이라고 부르는 공작물을 설치하려고 하는 채무자에 대하여 저작인격권/동일성유지권/을 기초로, 그 설치공사 속행의 금지를 구하면서 임시의 지위를 정하는 가처분을 신청한 사안이다.

전제되는 사실

① 당사자

채권자는 정원의 설계 등을 업으로 하는 조원가/造園家/이고, 주식회사 환경사업계획연구소의 대표자이다. 채무자는 건축공사의 도급 및 시공 등을 목적으로 하는 주식회사이다.

② 신우매다시티의 개요

㉮ 신우매다시티는 별지물건 목록기재의 토지 위에 설치된 복합시설물이고, 고층빌딩인 '우매다스카이 빌딩'을 중심으로 고층호텔, 소규모 빌딩, 지상 및 지하의 주차장 등이 설치되어 있고, 건물의 차지권이 있는 부분을 제외한 부지/이하 '본건 부지'라 함/에는 녹지, 산책로, 뜰 풍경 등으로 구성된 정원 외에 분수, 수로 등 정원관련 시설이 설치되어 있다. 신우매다시티는 1993년/평성 5년/ 7월에 전면 개업을 하였고, 이번에 개업 20주년을 맞이한다.

㉯ 본건 토지는 남북방향은 약 240미터, 동서방향은 180미터로 장방향의 형상으로서 남북을 약 3등분한 위치에, 동서방향의 통로가 배치되어 있고, 그 통로로써 구획을 나눌 때,

㉠ 북쪽은 거의 전부가 정원으로서 '꽃들판/새로운 마을산'이고, 북서면 쪽에는 주차장 및 그 통로가 설치되어 있다.

㉡ 중앙부분의 남북방향중심선에 대칭적으로 동서방향으로 나란히 두 동의 고층빌딩이 최상층/40층/ 부분에 연결되어, 그 연결 부분이 '공중정원 전망대'로 되어 있는 구조로서 위에서 언급한 '우매다스카이 빌딩'이 배치되어 있고,

㉢ 남쪽에는 서쪽으로는 고층호텔이, 중앙에는 정원 '중앙 자연의 숲'이 각각 배치되어 있고, 동쪽에는 '가든'이라는 소규모

빌딩 군과 주위보다 한층 낮게 만든 정원이 배치되어 있다.

㉰ 본건 토지의 지적합계는 약 4만1800평방미터이고, 그 가운데 건물의 택지부분을 제외한 부지는 약 2만6400평방미터이다.

③ 본건 정원의 조성

㉮ 채무자는 신우매다시티개발계획의 환경디자인에 관련하여 채권자가 대표로 근무하는 환경사업계획 연구소에게 1988년/소화 63년/ 10월 7일 그 기본구상의 작성업무를 위탁하고, 1989년/평성원년/ 4월 20일에는 그 기본계획의 작성업무를, 같은 해 12월경에는 본 업무의 구현방법 검토업무를 모두 세끼스이/積水/ 하우스, 아오끼/青木/건설 신우매다시티 개발협의회 명의로 위탁하였다.

㉯ 환경사업 계획연구소는 1991년/평성 3년/ 5월 31일부로 신우매다시티 환경수경 기본설계도라고 제목을 붙인 신우매다시티 건물부지 이외의 부분의 디자인에 관한 설계도를 작성하는 것 외에, 앞서 언급한 각 업무위탁계약에 따른 성과물을 채무자 또는 개발협의회에 납품하고, 1991년/평성 3년/ 6월 20일에는 개발협의회에 의한 환경설계 영역의 증가에 따른 기본계획 수정업무의 위탁을 받은 외에, 1992년/평성 4년/ 9월 30일 경에는 채무자 및 아오끼 건설로부터 각각 관할 구역의 환경 디자인 이미지를 현장에 반영시키기 위하여 감리업무의 위탁을 받았다.

㉰ 본건 정원은 환경사업계획 연구소명의로 작성되었던 앞서 언급된 설계도와 그 외의 것에 기하여 조성, 공원이 만들어졌다.

④ '꽃들판, 마을산' 공간의 개수

2006년/평성 18년/ 7월 경, 채무자는 신우매다시티의 북쪽 부분의 정원을 잡목림, 대나무, 계단식 논, 야채밭, 차밭 등으로 구성된 녹지 정원으로 하고, 이것을 '새로운 마을산'이라고 부르면서 개수/改修/를 하였다.

⑤ 본건 공작물의 설치계획

㉮ 채무자는 건축가인 P2의 아이디어를 받아들여 신우매다시티 부지 내에 '희망의 벽'이라고 부르는 거대한 녹화/綠化/ 모뉴먼트/monument/를 설치하는 것을 계획하고, 2013년/평성 25년/ 6월 이것을 별지 공작물목록 기재의 내용으로 하는 것을 공표하고, 채무자로부터 설치공사의 위탁을 받은 다케나카/竹中/건축회사는 9월 말일을 준공예정으로 하는 공사를 개시하였다.

㉯ 본건 공작물은 그 계획에 의하면 높이 9.35미터, 길이 78미터, 폭 2미터의 콘크리트 기초로 이루어진 철강구조물이고, 본건 토지의 북동쪽에는 대형버스 등의 주차장에 이르는 통로와 동쪽 도로와의 사이에 설치되어 있는 기존의 인공수로의 서쪽에 거의 접하도록 하기 위해 꽃이 만발한 상공을 뛰어넘는 형태로 남북방향으로 설치되어 있다(기존의 시설과의 관계에서 보자면, 본건 토지의 거의 북단에 위치하는 주차장 진입로의 남단으로부터 거의 스카이빌딩의 북쪽면의 연장선상에 닿아 있다).

꽃이 만발한 곳과 통로부분에는 지면에 이르는 개방부분 2개소가 설치되어 있는 것 외에, 지면에 이르지 않는 중간 공간의 개방부분이 5개소가 설치된 구조로 되어 있다.

본건 공작물은 벽의 양면을 플랜트와 스테인레스 그물망으로 구성하고, 여기에 넝쿨성 식물과 다년초 또는 크기가 중간 내지 작은 나무 등을 심을 예정이다.

㉰ 본건 공작물이 설치되는 곳은 거의 본건 토지9와 토지11의 위이고, 채무자가 같은 토지를 소유 또는 공유하고 있다.

2) 쟁점

여러 쟁점이 있지만, 본건 정원이 저작권법에서 말하는 저작물에 해당되는지 여부는 이미 논의한 적이 있어 본서에서는 논의를 생략하고 동일성유지권 침해 관련 부분만 본고에서 다루고자 한다.

본건 정원에 본건 공작물을 설치한 것이 저작권자의 의사에 반하는 개변(改變)(일본 저작권법 제20조 제1항)에 해당되는지 여부

① 채권자의 주장

ⓐ 본건 정원은 본건 부지 전체에 미치는 것은 채권사 주장내로이고, 본건 공작물은 일체성이 있는 본건 정원을 분단시켜 본건 정원의 중심적인 개념인 물의 흐름을 차단하는 것이어서 본건 정원에 대한 중대한 개변에 해당된다. 카날의 친수공간/親水空間/을 파괴하고 꽃 소용돌이를 덮는 것이기 때문에, 채무자주장대로 새로운 앞산과 중앙의 자연 숲에 직접적인 물리적 변경을 가하고 있지 않다는 것은 개변을 부정하는 사정에 해당되지 않는다. 면적비율로 보면 개변의 규모가 작다고도 말할 수 없다. 즉 동일성유지권은 주관적인 장애를 보호하는 것이고, 채무자 주장대로 변개의 정도를 문제로 하는 것은 타당하지 않다.

ⓑ 2006년/평성 18년/ 개수에 관해서 조차, 채권자는 개변에 소극적

인 의견을 진술하고 있고, 채무자의 주장은 자신에게 사정이 좋은 일부분을 추출하여 주장하는 것이고, 이는 타당하지 않다. 만약, 채권자가 본건 정원의 개수에 관해 일반적으로 동의하고 있다하는 것 등을 이야기하고 있는데, 이것은 사실이 아니다.

② 채무자 주장

ⓐ 저작물의 품위를 낮추지 않고 본질적인 표현상의 특징에 관계되지 않는 정도의 변경 또는 절제/切除/하는 것은 동일성유지권 침해에 해당되지 않는다.

본건 공작물의 설치태양도 물길과 꼭 소용돌이라고 하는 기존 설비 그것에는 영향이 전혀 없도록 배려되어 있고, 벽면에는 개구부/開口部/를 설치하는 것에 의해 본건 부지의 바깥으로부터 본건 부지의 중앙 모양이 알 수 있도록 되어 있으며, 시각적으로도 본건 공작물에 의해 본건 부지의 분단이 생기지 않도록 배려되어 있다.

따라서 본건 부지/또는 본건 정원/ 그것에 대한 개변행위에 해당되지 않고, 그렇지 않다고 할지라도 동일성유지권을 침해하는 유형에 해당되지 않는다.

ⓑ 묵시의 합의

채권자는 2006년/평성 18년/ 개수 시점에서 꽃밭의 개수에 관계하면서, 시대의 흐름에 맞지 않다는 등의 문제점에 직면하는 것과 꽃밭이 채무자의 소유물이고 새로 꾸미는 것에 관하여 우선 손이 떠난 설계자에게 미리 상담하지 않으면 안 되는 직접적인 의무는 없다는 취지로 채무자에게 진술하고 있다.

이와 같은 것이라고 한다면 채권자에게 신우매다시티의 상업시설이라는 성질에 비추어 보면 일정 주기로 새로 꾸미는 것은 당연히 허용되고 있다.

본건 정원에 본건 공작물을 설치하였지만, 건축물의 개변규정(일본 저작권법 제20조 제2항 제2호) 또는 그 규정을 유추적용함으로써, 또는 부득이하다고 인정될 수 있는 개변(같은 항 제4호)에 해당될 수 있는 지 여부

① 채무자 주장

㉮ 일본 저작권법 제20조 제2항 제2호의 취지

제2호는 건물의 거주자 등의 안전 확보와 이용의 편의성을 위해서 또는 건물에 많은 투자를 하고 있는 소유자를 경제적으로 보호하기 위하여 건축물의 이용에 수반하는 실용적인 면에서 판단하여 개변의 필요성이 있을 때 이를 허용하기 위하여 규정되어 있는 것이다. 따라서 같은 호의 적용에 있어서는 물리적인 관점에서 판단하는 것은 아니고, 신우매다시티 전체의 실용적, 상업적, 경제적 관점으로부터 그 개변의 필요성, 합리성을 판단하여야 한다.

㉯ 본건 부지가 '건축물'에 해당하는 점

신우매다시티는 복합 상업시설이고 본건 부지는 이 상업시설에 손님을 끌어 모으기 위한 하나의 수단으로 건축된 것으로써 이곳을 찾는 손님을 위하여 존재하는 것이기 때문에 복합적 상업시설과 불가분적으로 일체의 것이다. 이와 같은 시설에 있어서는 경제적 또는 상업적 관점으로부터 보면 리뉴얼은 불가피한 것이고, 이를 위한 개변은 당연히 예정되어 있는 것이다. 채권자가 주장하는 바와 같이, 순수히 감상을 목적으로 하는 정원이라고 하는 것과는 그 양상이 전혀 다르다. 본건 부지는 실용품이라는 것을 전제로 그 저작물성의 보호를 의도하는 '건축 저작물'과 유사하고, 또는 건축물인 우메다스카이 빌딩과 일체의 것으로 보아, 저작권법 제20조 제2항 제2호의 적용 또는 그 유추 적용이 가능하다.

㉰ 본건 공작물의 설치가 '모양교체' 또는 '부득이한 개변'에 해당하는 점

㉠ 저작권법 제20조 제2항 제2호에서 말하는 '모양교체'는 건축기준법과 같은 규범일 필요는 없고, 사회통념상 판단하면 충분하다고 말할 수 있다.

㉡ 본건 공작물의 설치는 그 설치의 장소도 본건 부지의 일부분이고, 설치태양도 기존의 구축물에 대한 훼손을 전혀 동반하지 않는다. 본건 공작물의 설치는 세계적으로 저명한 건축가인 P2가 처음으로 제안했던 '환경도시 오사카'라는 취지의 프로젝트진행을 목적으로 처음 제안했던 것이고, 녹색의 소중함, 훌륭함을 새롭게 체험하고, 환경활동과 생물의 다양성 보전에 관심을 가지는 기회창출에 기여하는 것과 함께, 오사카의 거리에 녹색이 넘쳐나는 쾌적하고 즐거운 공간을 만들어내는 높은 공익성, 공공성을 가지는 프로젝트의 일환으로서 행해진 것이다.

㉢ 영리기업인 채무자의 입장에서는 신우메다시티 개업으로부터 약 20년이 경과되었고, 상당히 오래된 본건 부지에 관해서 위에서 언급한 바와 같은 새로운 발상과 높은 화제성을

가진 본건 공작물의 설치에 있어서 리뉴얼/개장/을 시행하여 신우매다시티를 활성화하고, 같은 시설 또는 그 주변에 손님을 끌어 모으는 효과를 높이는 것이라고 하는 채무자의 사업상의 효과와, 2013년/평성 25년/ 4월에 오픈한 다른 복합상업시설과의 상승효과를 기대하고 있다. 그 외 채무자로서는 상기 ㉡과 같은 활동 추진을 통하여 기업의 사회적 책임을 다하는 역할도 수행한다.

㉣ 위에서 언급한 상업적, 실용적 시각에서 손님을 모으는 힘을 높이고, 부가가치를 높이는 것은 확실히 '모양변경' 또는 '부득이한 개변'에 해당된다. 본건 공작물의 설치가 개인적인 기호에 기초한 자의적인 개변에 해당하는 것도 아니다.

② 채권자 주장

㉮ 저작권법 제20조 제2항 제2호 유추적용이 되지 않는 점

㉠ 정원이라는 것은 '감상/鑑賞/, 소요/逍遙/ 등을 위하여 나무를 심고, 산을 만들고, 연못 등을 갖추는 마당. 특별히 계획해서 만드는 마당'/코시엔(広辞苑)으로부터 인용/을 말하고, 본질적인 목적은 감상에 있고, 건축물과 같은 실용목적을 가지고 있지 않기 때문에 저작권법 제20조 제2항 제2호에서 말하는 '건축물'에는 해당하지 않는다. 따라서 같은 규정의 적용을 받을 수 없다.

㉡ 같은 호에서 말하는 '모양교체'라고 하는 것은 건축기준법의 해석에 의하면 기존의 모양을 동일목적으로 재료 등을 변경하는 것을 말한다. 정원에 비추어 이야기하면 예를 들어, 흙길을 모랫길로 하는 것 등이 이것에 해당한다. 그러나 본건

공작물의 설치는 기존 정원에 전혀 존재하지 않는 것을 새롭게 설치하는 것이기 때문에 어느 것에도 해당하지 않는다. 또한, 같은 호가 적용되기 위해서는 (1) 경제적, 실용적인 관점으로부터 필요한 범위의 증·개축이라는 점, (2) 개인적인 기호에 기초하여 자의적인 개변은 아니어야 한다는 점이 필요하지만, 본 건 공작물은 건축가인 P2가 개인으로서 의도한 녹화프로젝트의 모뉴먼트/monument/에 해당하고, 실용성, 경제성을 결하고 있는 것은 물론, 그 필요성 자체를 결하고 있다. 따라서 같은 호의 적용은 처음부터 유추적용의 기초가 될 수 없다.

㉯ 저작권법 제20조 제2항 제4호의 적용이 없는 점

㉠ 같은 호의 '부득이하다고 인정되는 개변'의 의의에 관하여 과거의 재판례에서는 동일성유지권이 제약되는 경우는 드물게 한정되는 것이고, 저작물의 이용권이 우월하다고 하는 판단을 하고 있는 것은 아니다.

㉡ 본건에 있어 채권자측의 사정으로서, 본건 정원은 일본국의 저명한 채권자에 의한 독창성, 전통성이 넘치는 창작 아래, 채권자가 저작자로서 표시되어 있는 점, 본건 공작물이 본건 정원을 강도 높게 침해하도록 구성되어 있고, 게다가 그 침해가 공중에 공개되어 있다는 점, 채무자측의 사정으로서 채무자는 본건 정원의 개변에 대하여, 저작자의 허락 등의 어떠한 권원을 가지고 있지 않은 점, 채무자가 주장하는 본건 정원의 실용성 내지 본건 공작물의 공익성 등은 추상적인 것에 지나지 않고 구체적인 법적 의미를 발견하기 어려운 점, 대체조치와 당초 계약 시를 포함하여 개변에 관하여 사전에

권원의 취득을 위하여 노력을 강구하지 않은 점 등의 사정이 있고, 이것들을 종합하면 부득이한 개변이라고 말할 수 없다.

채권자의 저작인격권침해 주장이 권리남용에 해당되는지 여부

① 채무자 주장

지금까지 주장한 사정(〈1〉 본건 부지는 그 성질상 실용적, 상업적 목적에 의한 개변, 변경의 요청이 강하게 필요한 점, 〈2〉 본건 공작물의 설치가 채무자의 사업과 경제적 목적에 이바지하는 점, 〈3〉 본건 공작물의 설치 장소, 규모, 본건 부지의 기존상태에 대한 영향, 〈4〉 본건 공작물의 공익성, 공공적 요청, 〈5〉 공사진척의 정도, 〈6〉 저작물의 성질 및 채권자 보호법익의 주관적 성질, 〈7〉 채권자가 입은 손해의 정도, 〈8〉 채무자와의 사전협의 상황 등)을 종합하면, 채권자의 저작인격권의 행사는 권리남용에 해당되어 허용되지 않는다.

② 채권자 주장

채무자의 주장을 다툰다.

3) 법원의 판단

본건 정원에 본건 공작물을 설치한 것이 저작권자의 의사에 반하는 개변(일본 저작권법 제20조 제1항)에 해당되는지 여부

① 개변에 관하여

본건 공작물의 설치 태양은 전제가 되는 사실(5) 기재와 같이 카날 서쪽의 통로 상에 카날에 거의 접하고 있는 형태인데, 그 위에 꽃 소용돌이를 걸치도록 설치되어 있다. 위에서 언급한 설치장소인 통로는 카날로부터 꽃 소용돌이에 이르는 물의 순환을 감상하거나 또는 산책, 휴식 등을 하는 사람들이 방문하는 범위에 있기 때문에 정원 또는 정원관련 시설과 밀접하게 관련된 것이라고 말할 수 있고, 본건 정원은 저작물의 범위 내에 있는 것이라고 말할 수 있다.

본건 공작물의 설치 태양은 카날 또는 꽃 소용돌이에 직접적으로 물리적인 변경을 가하는 것은 아니지만, 본건 공작물이 설치된 것에 의해 카날과 새로운 앞산이 공간적으로 차단되는 형태가 되고, 개방되어 있는 꽃 소용돌이의 윗방향이 폐쇄되는 것이기 때문에 중앙 자연의 숲으로부터 카날을 통과하는 물이 꽃 소용돌이에 흡입되고, 거기로부터 옛날의 꽃밭/새로운 앞산/으로 순환한다고 하는 본건 정원의 기본 구상은 본건 공작물의 설치장소 부근에서는 인식하기가 힘들게 된다. 또한, 본건 공작물은 높이 9미터이상, 길이 78미터의 거대한 구조물이고, 이것을 설치하는 것에 의해 카날, 꽃소용돌이 부근을 이용하는 자뿐만 아니라, 새로운 앞산 부근을 이용하는 자에 의해서도 본건 정원의 경관, 인상, 미적 감각 등에 상당한 변화가 생긴다고 사료된다.

이와 같다면, 본건 공작물의 설치는 본건 정원에 대한 개변에 해당하는 것이라고 말해야 한다. 이것이 개변에 해당하지 않는다 또는 경미한 동일성유지권의 침해에 해당하는 개변에는 해당하지 않는다고 하는 채무자의 주장은 위에서 설시한 것에 비추어 보아 채용할 수 없다.

② 채권자 의사

채무자는 본건 정원의 저작물로서의 성질과 2006년/평성 18년/ 개수에 대한 채권자의 항의내용에 비추어 보면, 본건 정원의 개변에 관하여 채권자의 묵시적 동의가 있을까라는 주장을 한다.

그러나 채무자 또는 개발협의회와 환경사업계획 연구소와의 앞서 언급한 각 계약에서 저작권에 관해서는 어떠한 약정도 하지 않았고(따라서 이러한 종류의 계약에 있어서 권리처리의 관행 등에 관하여 어떠한 주장, 소명이 없는 본건 사정의 기초에는 법령에 기초한 권리처리가 전제되어 있다고 볼 수밖에 없다), 또는 2006년/평성 18년/ 개수에 대하여 채권자의 태도는 전체로서는 항의가 있었고, 이것에 장래 개변에 대한 묵시적 승낙이 포함되어 있다고 해석할 수 없다.

③ 정리

이상에 의하면, 본건 공작물의 설치는 저작물인 채권자의 의사에 반한 본건 정원의 개변에 해당한다고 말하여야 한다.

본건 정원에 본건 공작물을 설치하였지만, 건축물의 개변규정(일본 저작권법 제20조 제2항 제2호) 또는 그 규정을 유추적용함으로써, 또는 부득이하다고 인정될 수 있는 개변(같은 항 제4호)에 해당될 수 있는 지 여부

① 저작권법 제20조 제2항 제2호의 유추적용

이미 기술한 바와 같이, 본건 정원은 자연의 재현, 또는 물의 순환이라는 개념을 도입한 점으로서 미적 요소를 가지고 있다고 인정된다.

그러나 본건 정원은 오는 손님이 가운데로 와서 산책 또는 휴식하는 장소로 이용하는 것이 예정되어 있고, 그 설치의 본래 목적은 도심에 그와 같은 일각을 설치하여, 복합상업시설인 신우매다시티의 미관, 매력의 정도 또는 호감도를 높이고, 최종적으로는 손님을 모으는 점에 있다고 해석되기 때문에 미술로서의 감상만을 목적으로 하는 것은 아니고, 오히려 실제로 이용하는 것으로서의 측면이 강하다고 말할 수 있다.

또한, 본건 정원은 채무자 외의 사람이 소유하는 본건 토지상에 존재하는 것이지만, 본건 정원이 저작물이라는 것을 이유로 그 소유자가 장래에 걸쳐서 본건 토지를 본건 정원 이외의 용도로 이용하는 것을 할 수 없다고 한다면 토지소유권은 중대한 제약을 받는 것이 되고, 본건 정원은 복합상업시설인 신우매다시티의 일부가 되는 것이고 우매다스카이 빌딩 등의 건물과 일체적으로 운용되고 있지만, 노후화, 시장 동향, 경제정세 등의 변화에 맞추어 그 개수들을 행하는 것은 당연히 예정되어 있는 것이라고 말하여야 하고, 이 경우에 본건 정원을 개변하는 것을 가능하지 않다고 한다면 본건 토지소유권의 행사 또는 신우매다시티의 사업의 수행에 대한 중대한 제약이 된다.

이상과 같이, 본건 정원을 저작물로 인정하는 경우에는 본건 토지소유자의 권리행사에 있어서 자유로운 조정이 필요하지만 토지의 정착물이라고 하는 점, 또는 저작물성이 인정될 수 있는 경우가 있는 동시에 실용 목적으로 이용이 예정되어 있는 면이 있다고 하는 점에서, 문제의 소재는 건축물에 있어서 저작자의 권리와 건축물 소유자의 이용권을 조정하는 경우에 유사하다고 말하는 것이 가능하기 때문에, 그 점을 정한 저작권 제20조 제2항 제2호의 규정을 본건 경우에 유추적용하는 것은 합리적이라고 해석된다.

② 모양교체

본건 공작물의 설치는 본건 정원의 기존 시설인 카날과 꽃 소용돌이를 물리적으로 개변하지 않으면서 행한 것이기 때문에, 저작권법 제20조 제2항 제2호가 정한 가운데에는 '모양교체'에 상당하다고 해석될 수 있다. 채권자는 건축기본법의 해석으로서 본건 공작물의 설치는 '모양교체'에 해당하지 않는다는 취지를 주장하지만, 본건 정원은 건축물 그 자체는 아니고, 저작권법에서 정한 것을 건축기준법과 동일하게 생각할 수 있는 필요도 없기 때문에, 채권자의 주장은 채용될 수 없다.

③ 저작권법 제20조 제2항 제2호의 적용

본 건에의 적용을 생각하기 위해서는 저작권법 제20조는 제1항에 있어서 저작자가 그 저작물에 관해서 의사에 반한 변경, 절제 그 외의 개변을 하지 않고, 동일성을 유지하는 것이 가능하다는 취지를 정한 것 외에, 제2항 제2호에서는 건축물의 증축, 개축, 수선 또는 모양교체에 의한 개변에 관해서 특단의 조건을 붙이는 것은 아니고, 동일성유지권에 대한 침해는 아니라는 취지를 규정해 놓은 것이고 이것이 본건 정원의 저작자와 본건 토지 소유자의 관계에서 유추되는 것이라고 해석되는 이상, 본건 공작물의 설치에 의해 본건 정원을 개변하는 행위는 채권자의 동일성유지권을 침해하는 것은 아니라고 말하지 않을 수 없다.

④ 채권자의 주장에 관하여

㉮ 채권자는 저작권법 제20조 제2항 제2호가 적용되기 위해서는 〈1〉 경제적·실용적인 관점으로부터 필요한 범위의 증·개축이라는 점, 〈2〉 개인적인 기호/嗜好/에 기초한 자의적인 개변은 아

니어야 하는 점이 필요하고, 본건 공작물의 설치는 그 어떠한 요건도 충족하지 못하고 있기 때문에 같은 호는 적용될 수 없다는 취지로 주장한다.

그러나 같은 호의 문언 상 그와 같은 요건을 부과하고 있지 않다는 것에 더하여, 저작물성이 있는 건축물의 소유자가 동일성 유지권의 침해가 되지 않도록 증·개축이 될 수 있는 것은 경제적·실용적인 관점으로부터 필요한 범위의 것이어야 하고, 이에 더하여 개인적인 기호에 기초한 자의적인 개변이 아닌 경우에 한정된다고 하는 것은 건축소유자의 권리에 불합리한 제약을 가하는 것이어서 상당하지 않다.

이상에 의하면, 같은 호의 문언에 특단의 제약이 없는 이상, 건축물의 소유자는 건축물의 증축, 개축, 수선 또는 모양교체를 하는 것이 가능하다고 해석할 수 있고, 그 이유는 채권자와 채무자의 관계에서도 유추될 수 있는 것이라고 말해야 한다. 채무자의 주장은 이 이치를 말하는 것으로써 이유가 있고, 이것에 반하는 채권자의 주장은 채용될 수 없다.

㉯ 더군다나 건축물의 소유자는 건축물의 증·개축 등을 할 수 있다고 하더라도, 일체의 개변이 유보되지 않고 허용된다고 해석하는 것은 상당하지 않고, 그 개변이 저작자와의 관계에서 신의에 반한다고 인정될 수 있는 특단의 사정이 있는 경우는 그러하지 아니하다고 해석할 여지가 있다. 채권자가 본건 공작물의 설치는 P2 개인 프로젝트의 모뉴먼트/monument/이고, 실용성, 경제성, 필요성을 결한다고 주장하는 점도 그 취지를 진술하는 것으로서 이해하는 것도 가능하다고 할 수 있지만, 전기 ㉮에서 기술한 경우에 비추어 보면 채용될 수 없다고 말하여야 한다.

즉 본건 정원은 복합상업시설인 신우매다시티와 일체를 이루는 것이고, 시장동향과 유행에 따라 그 설비를 적절하게 갱신하여 갈 필요가 있다는 것은 채권자도 이해하고 있는 것은 당연하다는 점, 채권자는 본건 정원의 설계 당초부터 옛 꽃밭에 관하여 새로운 건축이 이루어지는 것을 예견하고 있다는 점, 2006년/평성 18년/ 개수/改修/ 당시에도 일정한 개변은 수인한다는 취지로 진술하고 있는 점, 채무자는 본건 공작물을 설치하는 장소의 검토에 해당하여, 채권자의 의견을 청취하고 일정 정도 반영되어 있는 점, 이상의 점을 지적하는 것이 가능하기 때문에 이것들을 종합하면 본건 공작물의 설치에 관하여 본건 정원의 저작자인 채권자와의 관계에서 신의에 반한다고 인정될 수 있는 특단의 사정이 있다고까지 말할 수 없다.

⑤ 정리

이상에 의하면, 본건 공작물의 설치는 저작자인 채권자의 의사에 반했던 본건 정원의 개변에 해당하지만, 저작권법 제20조 제2항 제2호가 유추적용되는 결과, 동일성유지권의 침해가 성립되지 않는다.

8. 고층건물의 부분철거

일각에서 건물을 전부 파괴하는 것은 저작권 침해가 되지 않는다고 전통적인 견해를 가지는 경우가 있다. 그에 반해 파괴는 가장 심각한 왜곡이라고 보는 견해를 갖는 경우도 있다. 그러한 가운데 독일에서는 절충설로서 저작물이 예술적 의미로 유일한 원작품이므로 소유자가 저작자에게 저작물을 양도할 수 있는 경우에 한하여 파괴가 적법이라고 말할 수 없게 된다는 견해가 유력하게 주장되고 있다. 그 중에서 특히 일부 철거인 경우 동일성유지권 침해가 문제되고 있는지의 여부에 대해 논의의 여지가 있다.

이하로는 독일의 사례 가운데 고층빌딩을 부분 철거한 경우 건축가의 저작권 사정이 문제가 된, 이른바 「아스트라/Astra/고층빌딩사건」을 소개하고자 한다.

사실관계

원고는 건축가이다. 원고는 아스트라/Astra/고층빌딩으로 유명한 건물 건축을 이전 동업자였던 건축주 B와 ST.P.양조주식회사와 함께 계획하여, 실제로 1969년부터 1971년에 걸쳐 함부르크/Hamburg/의 ST.P 부지 위에 건축했다. 그 당시 저작물의 이용권에 대해 명시적으로 허락하지 않았다. 그 이후 ST.P.주식회사는 아스트라고층빌딩의 개축작업을 개시했다. 하지만 변경에 대해 원고의 동의를 얻지 않았기 때문에 원고는 그것에 의해 자기의 저작자인격권을 침해받았다는 이유로 금지 신청했다.

재판부/Kammer/는 ST.P.가 계획한 변형을 금지한 가처분결정을 내렸지만 이 결정에 관하여 ST.P.는 이의를 제기했다.

14층인 아스트라고층빌딩은 소위 컵모양인 건물이다. 이 건물은 14층을 오르기까지의 모든 층에 7.50×7.50m인 정방형의 밑면을 갖춘 은촉이 되는 요소를 가지고 있어, 여기에 승강기, 계단부분, 주공급 지하도를 배치했다. 이 은촉이 되는 요소 위인 5층에서 시작되어 거기서부터 돌출된 고층빌딩의 층표면과 각 21.5×21.5m인 정방형 밑면을 가진 옥상인 면이 있다. 고층빌딩의 각각의 바깥쪽 가장자리부분의 길이는 25m이다. 컵모양인 건물은 원고와 전기동업자에 의해 선택된 것으로,

이것은 특별한 건축 상의 규제에 따라 고층빌딩에 대해 적은 평수만 건축대지로 사용하기 위해 선택된 것이다. 은촉으로 된 요소의 밑부분에는 보는 사람에 의해 잎자루처럼 보이는 발부분이 있고, 3층까지가 영업용으로 사용된다. 이처럼 3층까지인 발부분부터 3층 부분과 5층 사이에 틈이 있는 본건 건물은 받침대에서 상부가 돌출되어 있는 것과 같은 형태로 디자인되었다. 이러한 기본적인 디자인에 의해 아스트라 건물은 당시에 특히 함부르크에서 유명한 아스트라맥주용 컵, 즉 튤립 모양인 맥주용 컵을 연상시켜 그 건물 가운데에서 건축주가 제조한 병이 판매되었다. [그림 1, 2] 참조.

[그림 1]

[그림 2]

원고는 아스트라고층빌딩이 저작권법에 의해 보호되는 건축저작물이라고 주장한다.

피고는 1966년 함부르크에서 건립된 「핀란드 빌딩/Finland-Hauses/」[그림 3]과 1960년 말에 프랑크푸르트에서 건립된 「올리벳티 빌딩/Olivetti-Gebäude/」[그림 4]를 증거로 삼아 이의를 제기했다.

피고는 이 건물들이 원래부터 존재하고 있는 것을 근거로 하여 본건 건물의 모든 본질적인 형식요소가 이전부터 널리 알려졌다고 추론할 수 있으므로 아스트라건물은 저작권보호를 위해 요구된 창작성을 결여하고 있다고 주장했던 것이다.

[그림 3]

[그림 4]

피고가 아스트라고층빌딩을 대신하여 계획한 것은 그림 5의 고층빌딩이다. 그것을 건설할 즈음에 오로지 아스트라고층빌딩의 은촉이 되는 요소의 구성과 도출된 층만 유지되었다. 건축규제에는 변화가 없기 때문에 지금도 이 대지 위에 다른 방법으로 고층빌딩을 건설할 수 없다.

원고는 계획된 고층빌딩에 있어서는 여전히 4층의 유리정면을 갖고 원고의 저작물을 인식할 수 있기 때문에 본 건 고층빌딩은 이 변형 저작물인격권을 침해하고 있다고 주장했다. 이것에 대해 피고는 변형은 철거·신축과 동일시할 수 없고, 저작권법 24조에서 규정되고 있는 자유이용에 해당된다고 주장했다. 왜냐하면 아스트라고층빌딩은 기둥과 컵모양만 남아 있어, 앞에서 말했던 것처럼 이 것 자체로는 저작권

보호를 받을 수 없기 때문이다. 전체적으로 보면 다른 인상을 가진 새로운 건물이 되어 이미 아스트라건물의 예전 모습은 없어졌다고도 주장되어졌다.

지방법원은 이의를 받아들였다.

판결요지

아스트라고층빌딩은 저작권법에 의해 보호받는 건축저작물이다.

저작물 파괴는 저작권법 14조에서 규정된 왜곡에 관계되는 문제가 아니라는 말은 이 규정은 전적으로 변형되지 않은 형태로 저작물이 유지되는 것에 관계되는 저작자의 이익만을 보호하는 것으로, 저작물 그것 자체를 유지하는 것을 보호하는 것이 아니다. 게다가 저작권법에 의해 보호되는 건축저작물이 철거조치를 통하여 단적으로 설계상의 은촉이 되는 요소와 이 은촉이 되는 요소에서 돌출된 층만 유지되는 상태까지 이른 경우에는 이제 와서 동일성유지권에 의한 보호를 받을 수 없다.

① 건축저작물에 있어서 건축가의 동의 없이 철거, 변형/變形/, 다른 모양으로 계획하여 수행되는 경우, 저작물의 소유권과 저작권은 서로 충돌한다. 권리 둘 다 서로 독립하여 성립되어, 독립하여 공존한다. 소유자는 기본적으로 저작권을 침해하는 저작물 원본의 변형을 계획할 수 없고, 역으로 저작자도 자기 저작권을 소유권으로 상관하지 않고 행사할 수 있다. 일반적으로 건축가는 타인인 소유권자를 위해 저작물을 창조하여 그 대신에 대가를 얻는 이상은 자기 소유물을 자유롭게 처리할 수 있는 소유권자의 권리에 대해 저작권에 유래하는 법률의 지위를 제한받는다. 하지만 저작자는 그 저작권의 정당한 이익을 중대하게 침해하는 변경 또는 변형에 한해서는 이의

를 제기할 수 있다. 변형이 건축저작물을 왜곡하는 것이 아니라면 저작자는 이와 같은 변경 또는 변형을 적법한 것으로 받아들여야 한다. 그 때 저작물의 파괴 즉, 건축저작물의 완전한 철거는 통설에 의하면 저작권법 14조에서 말하는 왜곡으로 볼 수 없다. 왜냐하면 이 규정은 변조되지

[그림 5]

않은 형태의 저작물 구성요소에 관하여 저작자의 이익만을 보호하는 것이기 때문이다.

② 본 건에서는 재판부는 통설에 따라 부분파괴와 변형한 경우에 저작권법 14조를 적용했다. 위에서 말한 기준을 적용하면 피고가 계획하기 시작한 건축조치는 원고의 저작권을 침해하는 위법이 아닌 것으로 되었다.

저작권과 소유권

초판 1쇄 발행 2015년 10월 16일
초판 2쇄 발행 2016년 8월 29일

저 자 계 승 균

발 행 인 전 호 환
발 행 처 부산대학교 출판부
주소 - 부산광역시 금정구 부산대학로 63번길2(장전동)
전화 - (051) 510 - 1932 ~ 3
전송 - (051) 512 - 7812
등록 - 제카 11-2 1992. 9. 10.

* 잘못된 책은 구입처에서 교환해 드립니다.

ISBN 978 - 89 - 7316 - 511 - 7 (93360) 값 12,000원

이 책은 2014년도 부산대학교출판부 교수저술지원사업비로
출간하였습니다.